dtv

Das Leben ist ein Marathon, mit Anlaufschwierigkeiten, Zwischenspurts und Zielgeraden. Mal läuft alles wie geschmiert, mal läuft alles schief – und manchmal laufen wir gegen die Wand. Wir sind eben Lauftiere, mitunter bloße Mitläufer, mal müssen wir gegen den inneren Schweinehund anlaufen oder es lockt die schiere Lust, sich die eigenen Grenzen auszuloten. Ulrich Pramann hat laufend fürs Leben gelernt und sich dabei die »Laufkundschaft« genauer angesehen, etwa den Lauf-Professor, den Kilometerfresser oder die Rekordläuferin. Er erzählt, wie ihm seine Frau davonlief, von der Kunst, das richtige Paar (Schuhe) zu finden, von Hoch(gefühlen) und Nieder(lagen) und warum das Laufen ein Dauerbrenner für Millionen ist.

Ulrich Pramann, geboren 1950 in Sieber/Harz, erste Laufversuche mit 13 Monaten, erster Laufpaß mit 16, erster Marathon mit 33 und jetzt der erste philosophische Lauftext. Er war Redakteur beim ›Stern‹, Reporter bei ›Playboy‹ und ›Sports‹, TV-Moderator und Chefredakteur, ist heute Herausgeber von ›Fit for Fun‹ und Buchautor.

Ulrich Pramann

Laufen

Kleine Philosophie der Passionen

Deutscher Taschenbuch Verlag

Originalausgabe
April 1998
2. Auflage Februar 2000
© Deutscher Taschenbuch Verlag GmbH & Co. KG, München
Umschlagkonzept: Balk & Brumshagen
Umschlagbild: Alfons Holtgreve
Satz: Design-Typo-Print GmbH, Ismaning
Gesetzt aus der Bodoni Book 12/14 Punkt (QuarkXPress 4.0 Mac)
Druck und Bindung: C. H. Beck'sche Buchdruckerei, Nördlingen
Gedruckt auf säurefreiem, chlorfrei gebleichtem Papier
Printed in Germany · ISBN 3-423-20161-4

Inhalt

Die Lust zu laufen 7
Der lange, lange Anlauf 11
Gangarten 18
Was bei einem Laufseminar so läuft 24
Kreislauf & Körper 31
Die Kunst, das richtige Paar zu finden 38
Läufers Freund und Feind 44
»Vogel fliegt, Fisch schwimmt, Mensch läuft« 53
Der Lauf-Professor 65
Der Kilometerfresser 71
»Du mußt durch die Hölle rennen« 76
Der Lauf-Dichter 87
Meine zehn Kilometer mit Margarethe 94
Die Mauer 101
Als mir meine Frau davonlief 111
Die Legende von Marathon 124

Die Lust zu laufen

Mensch, gleich komme ich bestimmt ins Schwärmen. Ich laufe der Sonne entgegen, vor allem aber dem Mistral. Er faßt in die Haare, er drückt gegen den Körper, er leckt meinen Schweiß und macht mir Mühe. Aber es ist grandios, diesen Wind zu spüren, wie er den Körper traktiert und ihm zugleich schmeichelt. Es muß so gegen halb acht sein, bald geht die Sonne unter. Das Mittelmeer gluckst und rumort. Der Wind pfeift leise und bläst Sand über den Strand. Die Sonne steht flach, sie sticht direkt in meine Augen. Von dem, was vor mir liegt, sehe ich nur Konturen.

Der Strand ist ziemlich einsam. Da küssen sich zwei. Sie stehen bis zum Hintern im Meer. Dort tollt eine fröhliche Mutter mit ihrem Baby, und ihr Hund huscht hin und her. Und da kommt aus der gleißenden Sonne ein Läufer, er läuft in meine Bahn. Wir lächeln uns an. Auch er hat seinen Spaß.

Mensch, jetzt bin ich aber wirklich voll am Schwärmen.

Ich fühle mich beflügelt. Gleich werde ich umkehren. Dann den Wind im Rücken spüren, vielleicht fliege ich dann. Ja, ich fühle den Wind. Er macht mir Freude.

Meine Beine spüre ich nicht, obwohl ich den ganzen Tag auf den Beinen war und eigentlich müde sein müßte.

Das alles ist jetzt wunderbar. Wirklich, ich fliege fast. Ich fühle mich schwerelos. Schwebe ich? Raumgreifende Schritte katapultieren mich über den Sand. Mein Atem geht ganz gleichmäßig, es läuft wie von selbst. Sicher lächle ich vor Glück. Ich denke an meine Liebste und laufe ihr in Gedanken entgegen. Sie kann gar nicht so weit fort sein, daß ich sie nicht erreichen könnte. Wie stark ich mich fühle, wie leicht, wie elastisch und wie frisch. Einmal, denke ich, schreib ich das auf, dieses Erlebnis beim Laufen. Und dann fürchte ich, daß es viel zu pathetisch wird, viel zu schwärmerisch, bestimmt ganz schön lächerlich für jene, die dieses leichtfüßige Glück noch nicht kennen.

Und dann schreibe ich es doch auf. Ich schwöre, genauso hab ich's notiert, vor vielen Jahren war das, nach einem Abendlauf in Südfrankreich. Meine Güte, soviel Pathos. Ein bißchen schäme ich mich jetzt dafür. Nein, eigentlich doch nicht. Denn genauso empfand ich es damals. Und so oder so ähnlich ist es auch heute noch häufig beim Laufen – wenn es richtig läuft.

Wenn es richtig läuft, steigt auch das Interesse an den Erfahrungen, die andere mit dem Laufen machen. Der amerikanische Arzt und Autor George Sheehan (›Running and Being. The Total Experience‹) hat es prima auf

den Punkt gebracht: »Die erste halbe Stunde laufe ich für meinen Körper, die zweite halbe Stunde für meine Psyche.«

Die Rede ist vom Laufrausch. Runner's High. Dieses klasse Gefühl, bei dem du glaubst, gleich abzuheben. Dieses Lustgefühl können Laufanfänger oder Gelegenheitsläufer noch nicht kennen. Denn man muß ungefähr eine Stunde langsam laufen, ehe unser Körper damit beginnt, eine Wohlfühldroge namens Endorphin auszuschütten. Endorphin ist im menschlichen Betriebssystem eigentlich als schmerzlinderndes Happy-Hormon vorgesehen, das uns in extremen Situationen – bei Gefahr, Angst, bei großem Streß – zusätzlich Flügel verleihen soll. Welchen Kick suchen wohl Bungee-Springer oder Extrem-Kletterer? Genau, auch da ist endorphingesteuerte Angstlust im Spiel.

Diese extreme Lust ist beim Laufen leider die Ausnahme. Dafür entwickeln sich kleinere Gefühle zu größeren. Jeder, der mit dem Laufen angefangen hat und sich anfangs nicht übernimmt, wird im Laufe der Zeit erleben, daß Laufen nicht nur guttut und gut ist. Laufen wird zu etwas Spielerischem, etwas Zweckfreiem. Beim Laufen entdecken wir eine Fähigkeit, die lange verloren schien: ursprüngliche Freude, schiere Lust an der Bewegung.

Seit 15 Jahren laufe ich fast täglich. Anfangs eine

gute halbe Stunde lang, jetzt meist länger als eine Stunde. Manchmal habe ich – und Sie sind ja jetzt Zeuge – meine Gedanken aufgeschrieben. Manchmal glaube ich vor Kraft nicht aufhören zu können. Und manchmal läuft es überhaupt nicht gut. Manchmal läuft alles wie geschmiert. Und manchmal laufe ich gegen die Wand. Die Symbolkraft des Laufens liegt auf der Hand. Man kann das Leben, den Lebenslauf durchaus als eine Art Marathon sehen. Mit Anlaufschwierigkeiten, Zwischenspurts und Zielgeraden.

Ja, deshalb laufe ich so gerne. Weil ich beim Laufen zu mir finde. Weil der Weg das Ziel ist. Weil mich Laufen gelassener macht. Weil ich mich zwar ab und zu mal verlaufe, aber nicht mehr so leicht verrenne.

Und auch deshalb laufe ich so gerne. Weil ich glaube: Kilometerfressen macht schlank. Weil ich weiß: Wer rastet, der rostet; aber Meilen, die heilen. Weil ich hoffe: Durch Laufen kann ich der Zeit davonlaufen und zwanzig Jahre vierzig bleiben.

Und ich laufe vor allem, weil Laufen einfach Spaß macht.

Der lange, lange Anlauf

Von der Lauf-Lust habe ich lange nichts gewußt. Wie die meisten, die schon lange nicht mehr gelaufen sind. Die ersten Schritte sind schwer, ja, es sind immer die schwersten.

Es ist ähnlich wie damals als Dreikäsehoch, als man das Laufen lernte. Plumps, da liegt man. Es ist nicht leicht, sich wieder hochzurappeln. Als Baby leiten einen immerhin Instinkte. Aber beim Lauf-Debut eines erwachsenen Menschen melden sich intellektuelle Zweifel am Tun. Warum Seitenstiche ertragen, oder Muskelkater? Oder gar den Spott (»und eins, und zwei, eins, zwei, hopp, hopp, hopp«) irgendwelcher Ignoranten. All das sind nämlich unvermeidliche Begleiterscheinungen der ersten Schritte. Aber da muß man durch, so banal das auch klingen mag.

Jeder läßt sich auf seine Weise von der Lauf-Lust verführen, jeder hat auf seine Art Anlauf-Schwierigkeiten. Aber fast jeder schwärmt dann später vom Laufen. Wie gut es tut, nicht nur körperlich, sondern überhaupt: daß alles besser läuft. Das Gefühl, entspannter und belastbarer zu sein, ausgeglichener, aktiver, auch sexuell aktiver, einfach in vieler Hinsicht besser drauf.

Meine Läuterung verlief alles andere als spektakulär, aber vielleicht ist es gerade deswegen so typisch. Hinter mir stand Rolf, ein befreundeter Journalist, der seit zehn Jahren regelmäßig lief. Wie alle Läufer redete auch er gerne von diesem ganz persönlichen Abenteuer. Doch, ich hörte ihm zu, wenn er sein Erleben in enthusiastische Sätze verpackte. Er pries die »Sensibilisierung der Sinne« und redete sogar vom »Rausch«. Und der Auslöser sei das Laufen.

Der spinnt, dachte ich. Bestimmt aber übertreibt Rolf gewaltig. Schließlich trottete ich aber doch mal hinter ihm her. Wir wohnten damals in Alsternähe, in Hamburg, ein Glücksfall für Lauf-Kundschaft. Eine Alsterrunde sind 7,5 Kilometer, ein optimales Maß. Rolf lief seine Runde mit Leichtigkeit. Aber ich. Damals hatte ich keine Ahnung von richtigem Trainingsaufbau. Fing nicht bescheiden mit ein paar Minuten an, gestattete mir nicht von vornherein auch Gehpausen. Nein, gleich die ganze Alsterrunde sollte es sein. Schwerfällig schleppte ich mich über den Kies. Mußte pausieren, verpusten. Rolf lief Schleifen, holte mich ab, ermunterte.

Rolf war zehn Jahre älter als ich. Und ich war nicht mal dreißig. Mein ganzes Leben hatte ich Sport getrieben. In der Schule ohnehin, danach wettkampfmäßig Judo, anfängerhaft Tennis, passabel Squash. Doch

zuletzt fehlte der Antrieb. Unmerklich erst, später aber unübersehbar fehlte Spannkraft. Das heißt, da spannte plötzlich was: die Hose. Ich nahm zu. Es war mir unangenehm, denn dieses Problem kannte ich bis dahin nicht.

Damals lernte ich den Läufer Rolf kennen. Und was er mir von »Selbstgefühl«, von »Bewußtsein, das zum Selbstbewußtsein wird« und vom »Laufrausch« erzählte, tropfte zunächst an mir ab, weil es so philosophischfern klang. Aber Rolf hatte auch von »Körpergefühl« gesprochen. Damit konnte ich was anfangen. Körpergefühl. Ich erhoffte mir davon das Gegenteil von Schwerfälligkeit, denn ich fühlte mich unheimlich schwerfällig. Nur deshalb konnte Rolf mich überreden, mal mitzulaufen. Ich hoffte, meine alte Leichtigkeit einholen zu können.

Ausgerechnet durch Laufen? Wenn ich ans Laufen dachte, liefen mehrere Filme in mir ab. Herrn Milbradt sah ich, unseren Deutsch-, Gemeinschaftskunde-, Erdkunde- und Sportlehrer, einen klein-wüchsigen Choleriker, der gerne Schauspieler geworden wäre; aber mangels Nachfrage nach Zwergenrollen war er Pädagoge geworden. Er triezte uns mit tausend Quizfragen am Tag, von denen wir mindestens 900 wissen mußten, sonst hagelte es Sechsen. Er schaffte es sogar, uns die Freude am Sport auszutreiben, weil er »Leibeserziehung« als paramilitärische Drillstunde verstand. Strammstehen, Abzählen, im Gleichschritt, marsch! Zu Beginn jeder Sportstunde mußten wir fünf Runden um den Sportplatz drehen – im Gleichlauf, soweit das überhaupt geht. Wir waren Jungen im Alter von zwölf, dreizehn, vierzehn Jahren. Läufer ist von uns so schnell keiner geworden.

Als ich 15 war, repräsentierte Harald Norpoth in meiner Vorstellungswelt den typischen Läufer. Selbst oder gerade bei seinen Siegläufen sah der hagere Harald so aus, als würde er gleich aus seinen Spikes kippen. Reporter tauften den Mann aus dem Münsterland zutreffend »Fakir aus Telgte«. Nein, Laufen war für mich lange keine attraktive Sache.

Rolfs leidenschaftliche Beteuerungen und meine Angst vor der Schwerfälligkeit waren es, die mir dann doch Beine machten. Oh, wie schwerfällig schleppte ich mich beim ersten Mal über den Kies um die Alster. Ein paar andere Läufer begegneten uns an jenem Sonntag im April. Und massenhaft Spaziergänger, vor denen ich mich unerklärlich genierte. Vielleicht auch, weil ein paar Oberschlaue spotteten. »Hopp, hopp, hopp« riefen sie. Wieso tun die das, dachte ich damals. Wieso schmunzeln manche so mitleidig?

Ist es wirklich so, daß ein erwachsener Mensch nur geht, schreitet, hastet, spaziert, vielleicht wandert? Ist

es wirklich schon soweit, daß der moderne Mensch zwar schnell Autofahren, aber keinesfalls mit schnellen Schritten, leicht federnd, sich fortbewegen darf (wie das Lexikon Laufen definiert), ohne sich lächerlich zu machen?

Als Anfänger, als Lauf-Debütant, fällt es tatsächlich schwer, sich frei zu machen von Zweifeln, die genaugenommen viel lächerlicher sind als die Einwände der sogenannten zivilisierten Generation. Die doch eigentlich eine De-Generation ist. Laufen ist doch etwas völlig Natürliches. Über Läufer zu spotten, ist hingegen eine Perversion der Zivilisation. Ich gebe zu, daß die Hopp-hopp-hopp-Foppereien meinen Elan lähmten. Damals. Längst bin ich darüber erhaben. Mehr noch: Wie wenig originell der Hoppe-hoppe-Streiter doch ist, denke ich heute.

Die erste Runde mit Rolf war wirklich eine Last. Von wegen Lust am Laufen. Immer wieder wollte ich aufgeben. Immer wieder redete Rolf auf mich ein wie auf einen lahmen Gaul und erklärte, daß diese Phase jeder beim ersten Mal erleben müsse. »Los«, befahl er, »lauf!« Er lief langsam voneweg, ich noch langsamer hinter ihm her. Tatsächlich mühte ich mich um die Alster. Und hinterher ging es mir sogar gut. Psychisch. Ich hatte nicht aufgegeben, das war wichtig, obwohl ich häufig nahe dran war, aufzugeben. Körperlich fühlte ich mich groggy. Für den Abend hatten wir uns eine Runde durch die Kneipen vorgenommen. Doch dafür fehlte mir jetzt das Standvermögen. Ich wollte nur noch eine Runde ausruhen.

Damals konnte ich noch nicht glauben, daß ein Dauerlauf für neue Spannkraft sorgen kann. Gerade wenn du kaputt bist, körperlich und mental von einem Arbeitstag geschafft, gerade dann kann ein flotter Lauf die Mattigkeit vertreiben. Du läufst, du duschst, du läßt dich eine halbe Stunde zurückfallen – und danach fühlst du dich frisch und fit für große Taten. Erfahrungen, die ich schon bald machte.

Ausdauertraining braucht Ausdauer. Erst nach ein, zwei Jahren treten die gewünschten positiven Effekte (zum Beispiel Stärkung des Herz-Kreislauf-Systems, Gewichtsverlust, besserer Schlaf, seelisches Gleichgewicht) vollends ein. Erste günstige Veränderungen sind freilich schon viel früher erkennbar. Der erste Spaß stellt sich schon nach ein paar Wochen ein. Wenn die Schritte leichter werden. Wenn du länger und länger laufen kannst, ohne Mühe und ohne Seitenstiche. Wenn es schließlich keine Überwindung mehr kostet, überhaupt erst mal loszulaufen. Wenn du dich sogar darauf freust. Auf das Gefühl, manierlich zu schwitzen, Bewegung zu haben, dich auszutoben. Du erlebst, daß du beim Laufen tatsächlich besser denken kannst, und wie

du dich durchs Laufen entspannst. Du erlebst das schöne Gefühl, etwas zu tun und getan zu haben. Ja, auch diese scheinbar läppische Genugtuung verschafft enorme Befriedigung.

Gangarten

Es gibt viele Wege, voranzukommen. Man kann stieben oder stürmen, man kann sprinten oder spurten. Man kann aber auch schlurfen, schlurren oder schleichen. Tippeln, tappeln oder trippeln geht auch. Man kann zockeln, zuckeln, staksen, stelzen, huschen oder hasten, flitzen oder wetzen. Manchmal muß man auch laufen müssen, was soviel heißt wie – austreten.

Der ökonomischste Weg, voranzukommen, ist zu laufen. Laufen, denkt man sich so, sei kinderleicht. Doch beim Laufen, dieser scheinbar natürlichsten Sache der Welt, kann man viele Fehler machen.

Wir können das täglich beobachten. Wie da welche mit Stampfschritten vorwärts traben. Oder dieser seltsame Sichelschritt mancher Damen, die es eilig haben. Alles wackelt hin und her, wirkt unkoordiniert, degeneriert, irgendwie dämlich. Tatsächlich verkümmert die Wadenmuskulatur bei Frauen, die mit Vorliebe auf Stöckelschuhen durchs Leben stolzieren. Sie verlieren die Fähigkeit, sich gezielt nach vorne zu bewegen, weil sie die Bewegungshebel nicht mehr richtig einsetzen können.

Tschuldigung, wenn ich an dieser Stelle ausgerechnet

ein Buch mit dem Titel ›So bewegen sich Tiere‹ einführe. Aber der Autor Fritz Martin Engel sieht das auch so: »Es gibt kaum ein Wildtier ähnlicher Körpergröße, das in seinem Gang so unsicher ist und die ihm natürliche Gangart so mangelhaft ausführt wie der Mensch.«

Stimmt, oder? Wie mühsam müssen wir als Kind das Gehen lernen. Erst macht es plumps, immer wieder plumps. Dann, wenn die Kleinen schon etwas erfahrener sind, geht das Laufenlernen vom torkelnden Seemannsgang in rasendes Gestolper und endlich entdeckungs-freudiges, aber immer noch unsicheres Getrippel über. Und diese Unsicherheit bleibt auch Erwachsenen erhalten. Denken Sie doch nur mal daran, wie es ist, wenn wir den (unnatürlichen) Bürgersteig verlassen müssen und in unwegsameres (natürliches) Gelände geraten, auf einen Sandstrand zum Beispiel oder auf einen Waldweg. Tierfreund Engel: »Es ist Wunder genug, daß wir die Last unseres Körpers auf den Doppelstelzen der Schenkel dahinzubalancieren vermögen. Welch unvergleichlich herrliche Eleganz liegt demgegenüber in den Laufbewegungen eines edlen Pferdes oder der windschnellen Antilopen, die wie Pfeile dahinschießen.«

Laufen, ich meine perfektes Laufen, soll und kann auch bei uns Menschen vollkommen natürlich sein – so natürlich wie das Wasser fließt oder der Wind weht.

Ganz unangestrengt laufen, das hört sich ziemlich anstrengend an, oder? Und überhaupt: Auch dieses Jogging klingt nach ziemlicher Anstrengung.

Moment mal, was denn nu – Laufen oder Jogging? Sind Laufen und Joggen nicht ein und dasselbe? Oder gibt es da etwa einen Unterschied, den man wissen müßte? Stimmt es vielleicht, was manche Läufer behaupten: Laufen wäre leistungsbetont, während Jogging – na, sagen wir mal – lockeres Traben ist?

Also, klären wir doch mal auf. Jogging. Was heißt das eigentlich? Nehmen wir doch einfach das Wörterbuch der deutsch-englischen Sprache zu Hilfe: »to jog = hin- und herschieben, leicht rütteln, schütteln; (leise) anstoßen, antippen; schaukeln; (das Gedächtnis) auffrischen; fig. einen Stoß geben; itr. dahinschlendern, -trotten.« Strenggenommen bedeutet Jogging Trott, Schlendrian, Trotten.

Und welche Erklärung liefert das ›Lexikon für Gesundheitssport‹? »Dauerlauf mit gemäßigter Geschwindigkeit zur Verbesserung der Ausdauer. Jogging erfreut sich vor allem im Freizeitsport großer Beliebtheit. Als Kriterium für die Belastungsintensität hat sich eine Herzfrequenz zwischen 130 und 150 Schlägen pro Minute als angemessen erwiesen.«

Es gab Zeiten, da gab es Jogging gar nicht – jedenfalls das Wort Jogging. Das ist noch gar nicht so lange

her. Vor gut 25 Jahren kannten wir Dauerlauf, Trablauf oder Waldlaufen, und diese Disziplinen liefen genauso altmodisch ab, wie sie klingen. Damals liefen noch nicht so viele Leute. Und jene, die liefen, waren mit bollerigen Hosen und billigen Allerweltsturnschuhen unterwegs. Modisches Outfit? Gab es nicht. Laufen war out. Und blieb auch weiterhin out, als hierzulande schon das moderne Wort Trimming die Runde machte.

Die Lauf-Bewegung, die schließlich Millionen erfaßte und begeisterte, kam aus den USA zu uns. Aber die Lauf-Revolution, der eigentliche Jogging-Boom, ist nicht in den USA enstanden, wie viele meinen, sondern in Neuseeland. Genaugenommen sogar in Waldniel, einem 5000-Seelen-Ort bei Mönchengladbach, in dem ein Dr. Ernst van Aaken eigenbrötlerisch eine neue Art des Laufens propagierte: »Long-Slow-Distance« (langsame Langstrecke). Die Amerikaner würdigen den Sportarzt Dr. van Aaken (er starb 1984) immer noch als den eigentlichen »Father of LSD«.

Der langsame Lauf im Leistungssport wurde viele Jahre lang unterschätzt. Oder als veraltet abgetan. Ende der fünfziger Jahre galt Intervalltraining als Nonplusultra. Dr. van Aaken aber, der unter anderem Harald Norpoth trainierte und ihm zu 14 deutschen Meistertiteln und einer olympischen Silbermedaille verhalf, riet seinen Schützlingen, im Training langsamer zu laufen. »Es wird zu schnell gelaufen, das typisch deutsche Training wird betrieben unter dem Motto, gelobt sei was hart macht.« Van Aaken propagierte Laufen als homöopathische Dosis, als kontinuierlichen Reiz für den Organismus.

Im fernen Neuseeland trainierte Arthur Lydiard, ein gelernter Schuster, nach ähnlicher Methode zwei Athleten, die schließlich beide Olympiasieger wurden: Peter Snell und Murray Halbert. Trainer Lydiard prägte einen schönen und gleichzeitig hoffnungsvollen Satz: »Nicht der beste Sportler gewinnt, sondern der, der am besten vorbereitet ist.«

Lydiard ist so etwas wie ein Langstrecken-Guru und der Vater der Jogging-Bewegung geworden. Durch die Erfolge der Kiwis entwickelte sich Laufen in Neuseeland zur Massenbewegung. Aber zunächst nur dort. Bis Bill Bowerman aus Oregon, ein renommierter amerikanischer Mittel- und Langstreckentrainer, nach Neuseeland reiste, um vor Ort Lydiards Erfolgsprogramm (intensive lange Läufe mit gezielten Temposchüben) zu studieren. Zusammen mit dem Arzt Dr. Harris verfaßte Bowerman ein Buch über die neue Methode. Der Titel: ›Jogging‹. Es wurde ein Renner. Bahnbrechende These in diesem Bestseller: nicht nur stur Tempobolzen. Besser nach hartem Training den nächsten Tag nur leicht trainieren.

Noch ein anderer beschleunigte die Jogging-Bewegung: der Astronauten-Arzt Dr. Kenneth Cooper. Er hatte ein Bewegungstraining entwickelt. Zunächst sollte ein 12-Minuten-Test (»Cooper-Test«) Aufschluß über den allgemeinen Konditionsstand geben. Dann folgte ein maßgeschneidertes Übungsprogramm mit populärem Punktesystem. Das Ziel war klar: verbesserte Fitness durch Jogging. Millionen Amerikaner machten mit. Sie hofften, wenn sie einer gewissen Meilenzahl wöchentlich nachliefen, würden sie damit ihre Gesundheit überholen.

Der Lauf-Boom lief voll an. Mit kleiner Verzögerung schwappte die Jogging-Welle schließlich auch zu uns über.

Was bei einem Laufseminar so läuft

»Puh«, stöhnt Iris, »bin ich gebrettert.« Siebenhundert Kilometer Anfahrt aus Salzgitter in den Hochschwarzwald. Jetzt steht sie erwartungsvoll hier im Sporthotel »Saigerhöh« über dem Titisee und klammert sich an ein Glas Orangensaft. Der Begrüßungscocktail. Klaus mußte nur aus Karlsruhe herfahren, Familie Weber aus der Nähe von Nürnberg, aber Horst ist sogar aus Hamburg angereist. Und unsereiner saß sechs Stunden im Zug aus dem Oberbayrischen, nur um hier den Freitagabend, den ganzen Samstag und den halben Sonntag bei einem Laufseminar mitzumachen.

Laufen – ja geht das denn nicht ganz einfach? So denken viele. Warum erst so weit fahren? Wozu extra ein Kurs, der noch dazu hochtrabend Laufseminar heißt? »Komisch«, sagt Herbert Steffny, »beim Tennis findet es jeder normal, Trainingsstunden zu nehmen, um die Technik richtig zu lernen.« Auch beim Laufen braucht man richtige Technik, vieles kann falsch laufen. Laufen ist zwar leicht, aber trotzdem auch kompliziert. Jeder sollte gewisse Grundlagen über sich und seinen Körper kennen.

Steffny muß es wissen. Laufen ist sein Metier. Er ist dreizehnfacher Deutscher Meister. Er gewann dreimal den Frankfurt-Marathon, er siegte in Boston in der Mastersklasse und bei der Europameisterschaft 1986 gewann er Bronze. Zudem befaßt er sich als Biologe mit der Natur des Menschen. »Der Mensch«, sagt er, »ist ein Lauftier.« Genauer gesagt: der Urmensch. Denn unser biologisches Erbe ist nun nicht mal Autofahren oder Faulenzeritis, sondern der aufrechte Gang und Bewegungsdrang. Also wollen wir hier, meint Steffny frohgemut, das Lauftier in uns selbst wiederentdecken.

Wir sind eine ganz schön große Gruppe. 13 Frauen, 25 Männer. Fast alle Kopfmenschen, also Bürohengste. Wir wissen natürlich, wie gut Laufen tut, weil der Bewegungsablauf so natürlich ist und die freie Natur eine prima Übungsstätte hergibt. Wir wissen, daß Laufen den Herzmuskel stimuliert, also Ausdauerfitness bringt. Aber wir wissen auch, was Anlaufschwierigkeiten sind.

Besonders jetzt. Da draußen zieht unübersehbar ein Gewitter auf. Und was tun wir? Wir ziehen mit Herzfrequenzmessern los, Gurt um die Brust, Pulsuhr am Arm. Steffny spricht nonchalant von einem Läufchen vor dem Abendessen. Um die müden, steifen Glieder ein bißchen zu lockern. Das »Läufchen« unserer Gruppe (Mittelklasse) zieht sich dann aber doch fast eine Stunde hin, was keiner ahnen konnte.

Alle drücken ziemlich auf die Tube, um gleich mal zu zeigen, wie gut sie drauf sind. Wir laufen durch dunklen Tannenwald. Als die Strecke ansteigt, was hier ganz normal ist, ich aber bei meinem Normaltempo bleibe, piepst plötzlich meine Pulsuhr, signalisiert die hohe Herzfrequenz 175.

Steffny bremst, nicht nur mich. »Wir laufen oft zu schnell«, sagt er, »nicht nur jetzt.« Und dann referiert er im Laufen über »vernünftige Trainingsreize«, über »Laufen ohne Schnaufen«, über die anaerobe Schwelle und das Stoffwechselgift Milchsäure, das sich bei Überanstrengung bildet, was sich aber leicht vermeiden ließe. Schließlich klärt er uns über jene Ideal-Formel der Herzfrequenz (180 minus Lebensalter) auf, die inzwischen fast jeder kennt. Ich auch. Aber ich habe sie nie beherzigt, weil mir Pulszählen bisher zu blöd war.

Man kann tausendmal lesen, daß es – beim Joggen, beim Lauftraining – gar nicht so sehr auf die Schnelligkeit ankommt. So eine Information rauscht meist durch. Aber wenn dir einer wie Steffny ganz beiläufig beim Laufen sagt, was gut und was schlecht ist, dann klingt das plötzlich überzeugend. Nein, sagt er, auch er hätte nie Tempo gebolzt, und trotzdem sei er erfolgreich gewesen. Es donnert, es blitzt, es gießt aus Kübeln. Wir laufen und sabbeln, als wäre nichts. Sind wir Lauf-Verrückte?

Nach dem Abendessen, fast alle bestellen das kohlenhydratreiche Menü, während sich die Mehrzahl der Menschen bestimmt im Biergarten trifft oder gemütlich ›Derrick‹ schaut, betrachten wir Schaubilder und Statistiken zum Thema Trainingsgrundlagen: Wie unser Stoffwechsel funktioniert. Welche Faktoren unsere Leistung bestimmen (Talent, Technik, Stil, Motivation, Material, Ernährung, Regeneration). Wie sich die Muskulatur aufbaut. Wie oft wir laufen sollten (drei bis vier mal die Woche), wie lange (mindestens 40 Minuten), mit welchem Tempo (75 Prozent des Maximalpulses), damit es irgendwann optimal läuft. Zum Glück gibt Herbert uns den Stoff auch schriftlich mit.

Vielleicht hätten wir es an der Theke doch noch ein bißchen länger laufen lassen sollen. Bloß zwei Bier, dann war ich im Bett. Jedenfalls träumte ich diese Nacht von Laktat, Millimol, Myoglobin – oder wie das ganze Zeug heißt.

Der nächste Morgen. Frühstück? Nein, erst mal ein Läufchen. Freiwillig, wie Herbert betont. Mehr als die Hälfte kommt mit. Nach dem Müsli läßt Steffny vorlaufen. Jeden einzeln. Dreißig Schritte hin, wieder zurück, noch mal hin und zurück. Dabei werden wir gefilmt. Später, beim Programmpunkt »individuelle Video-Laufstilanalyse«, sehen wir selbst, was schiefläuft. Herr Weber ist ein starker Überpronierer, der seine Füße zu sehr innen belastet. Seine Tochter Susanne läuft schlaksig, nach ihrem Wachstumsschub kein Wunder. Steffny entlarvt Schleich-Stilisten, die sich zu sparsam bewegen, Schattenboxer, die Energie verpulvern, und Supinierer, die über die Fußaußenseite laufen.

Auch mein Stil, urteilt Herbert, sei nicht astrein. Der Blick ist zu wenig nach vorn gerichtet, die Arme schwingen zu breit, die Füße pronieren zwar nicht extrem, aber doch leicht. Er empfiehlt stabile Laufschuhe, die gut führen.

Laufen ist schon so billig, deshalb spart bloß nicht an den Schuhen, mahnt Steffny. Denn das geht immer auf die Knochen. Ein guter Laufschuh hält 1500 Kilometer, vielleicht 2000. Mehr nicht. Danach kann man die Schlappen allenfalls noch beim Rasenmähen anziehen. Eine Faustregel, die mir als Fazit von Steffnys Nachmittagsvortrag (»Orthopädie«) blieb. Die anderen ließen sich anschließend in die Kunst der Entspannung einführen. Autogenes Training. Ich entspannte mich nach Hausmanns Art. Nickerchen. Denn um 17 Uhr stand schon wieder eines dieser Läufchen an, was sicher wieder eine satte Stunde hieß.

Wir liefen los. Nicht weit, bloß um die Muskeln vorzuwärmen. Dann Stretching. Herbert macht acht Übungen vor, für Wade und Achillessehne, für Oberschenkel, Po, Rücken und Bauch, zum Lockern, Dehnen und

Kräftigen. Dreimal pro Woche zehn Minuten, sagt Herbert, wären eine prima Ergänzung zum Laufen.

Von wegen Läufchen. Ständig machen sich Tempobolzer wichtig, wir natürlich hinterher. Gruppendynamik. Herbert hält uns auf seine Weise bei Laune. Er erzählt von den Geheimnissen der Wunderläufer Kenias. Daß sie als Kinder täglich in die Schule laufen, zehn, zwölf Kilometer, und wer sich verspätet, kriegt Haue. Und daß sie wieder nach Hause laufen. Und wenn da einer zu spät kommt, haben die anderen alles aufgegessen.

Apropos Ernährung. Herbert hat natürlich keine neuen Weisheiten parat, nur alte Wahrheiten. Täglich Obst, viel Salat, wenig Fett. Nein, Süßigkeiten verteufelt er nicht: »Ein bißchen Sünde geht, wenn die Grundernährung stimmt.« Alkohol? »Nicht sofort nach dem Training, sonst säuft man den Trainingseffekt wieder raus.« Wir beließen es auch an diesem Abend bei zwei Bier.

Sonntag. Schwarzwälder machen sich auf den Weg zum Kirchgang. Und wir? Wir laufen. Wir stretchen zwischen-durch wieder nach Steffny-Art, wir absolvieren unser letztes Läufchen. Wir resümieren. Wir haben nun wahrlich keine Wunderdinge erfahren, aber doch ein paar kleine Tips, die sich zu neuen Einsichten fügen. Fast alle geben zu Protokoll: sehr zufrieden.

»Puh«, sagt Iris. Für sie ist dieser Tag noch lange

nicht gelaufen. Sie muß heute noch die siebenhundert Kilometer nach Salzgitter brettern.

Kreislauf & Körper

Manches sollten wir vielleicht gar nicht so genau wissen. Nehmen wir nur das Beispiel Liebe. Warum verliebe ich mich in diesen und nicht in jenen Menschen? Und warum sind Verliebte oft so geistesabwesend, so leichtsinnig, so optimistisch, so gesellig, so aufgedreht, häufig sogar überdreht, eben einfach ein bißchen verrückt? Können Psychiater ganz leicht erklären. Die erzählen dir, daß da Neuronen in deinem limbischen System, also deinem emotionalen Kern, durch ein kleines Molekül namens Phenylethylamin, kurz PEA genannt, und/oder andere hirnwirksame Substanzen gesättigt oder angeregt werden und dadurch das Gehirn stimulieren. Dein Organismus produziert also diese Neurochemikalie PEA. Die ist ein Reizamin und wirkt wie ein natürliches Amphetamin. Alles klar? Soviel ist jedenfalls klar: Manchmal wirkt allzuviel Wissen allzusehr ernüchternd.

Manches wollen wir lieber gar nicht so genau wissen. Wenn es allerdings um den Körper geht – das ist was anderes. Über den Körper können wir gar nicht genug wissen. Na gut, da wird einem in der sechsten, siebten oder achten Klasse eingebimst, wie der menschliche

Kreislauf funktioniert. Wie unser Körper organisiert ist, auf was er reagiert und warum, was es mit Körperbau, Muskulatur, Herz und Kreislauf auf sich hat. Vielleicht hat man das alles sogar kapiert, vielleicht sich sogar dafür interessiert. Damals. Und heute? Nichts Genaues weiß man nicht mehr.

Unser Lehrer Boestfleisch zählte zu jenen Pädagogen, die damals mit viel Verständnis und Geduld den Biologieunterricht gestalteten. Ich kann mich noch an die überdimensionale Karte erinnern, die zu Unterrichtsbeginn stets vor die Tafel gehängt wurde. Der darauf abgebildete Mensch war in seine Einzelteile zerlegt. Ein beeindruckender Schaltplan, über den wir uns wunderten. Besonders wunderten wir uns, weil leider das Glied, für das wir uns am allermeisten interessierten, ausgespart blieb. Mit der weiblichen Variante war das genauso, leider hoch zwei. Sonst kann ich mich kaum an Details erinnern, obwohl Lehrer Boestfleisch wirklich mit pädagogischem Geschick den menschlichen Körper in unseren Kopf zu kriegen versuchte. Das präzise Wissen verlor sich allmählich wieder. Übrig blieb allenfalls eine schemenhafte Ahnung, mehr nicht.

Die Phase sorgloser Ahnungslosigkeit bzw. ahnungsloser Sorglosigkeit über meinen eigenen Körper ist vorbei, seit ich laufe. Plötzlich wollte ich wieder die Zusammenhänge wissen. Das fängt beim ersten Muskel-

kater an. Oder wenn du Seitenstiche hast, ist es wirklich tröstlich, zu wissen, wieso du Seitenstiche kriegst oder was genau ein Muskelkater eigentlich ist.

Läufer horchen in sich hinein. Das soll nicht heißen, daß sie Hypochonder sind, also wie eingebildete Kranke hypersensibel auf alles achten, jedes kleine Zipperlein schon als alarmierenden Hinweis auf kommende sieche Zeiten werten und dann furchtbar unruhig und unleidlich werden. Läufer horchen in sich hinein, weil sie ihren Körper als einen wichtigen Partner respektieren. Sie werden auf wunderbare Weise mit ihrem Körper vertraut. Sie lernen langsam aber sicher seine Reaktionen kennen, registrieren Veränderungen, erleben Zusammenhänge und Abläufe bewußt. Ja, sie entwickeln Körperbewußtsein. Für Läufer ist es etwas Beruhigendes, zu wissen, wie der Körper funktioniert. Das ist meine Erfahrung. Heute. Klar, damals als Schüler war es wichtiger zu wissen, wie ein Rennauto oder noch wichtiger, wie das Fenster zu Elkes Schlafzimmer funktioniert.

Unser Körper ist ein Wunderwerk. Wer das komplexe, komplizierte System des eigenen Körpers besser kennt, geht wahrscheinlich nicht mehr so grob, so fahrlässig damit um, sondern wird sensibler, aufmerksamer, achtet sorgsamer auf Körpersignale. Fast alle Läufer ändern zum Beispiel ihre Eßgewohnheiten, stellen sich selbstverständlich auf die Bedürfnisse der Verbrennungsmaschine Körper ein. Viele schränken das Rauchen ein, hören oft ganz damit auf und kontrollieren den Alkoholkonsum. Nein, Läufer springen mit dem Körper nicht mehr so hemmungslos um. Das heißt aber nicht, daß sie dem Körper nichts mehr zumuten, ihn nicht beanspruchen. Im Gegenteil. Er braucht Bewegung, unser Körper.

Wie vor Jahrtausenden gilt die biologische Grundregel: Struktur und Leistungsfähigkeit eines Organs werden bestimmt von Qualität und Quantität seiner Beanspruchung. Diese Erkenntnis stammt von Professor Wildor Hollmann (Sporthochschule Köln). »Bewegungsmangel«, sagt er, »ist das Resultat einer in wenigen Jahrzehnten vollzogenen Technisierung und Automation. Die Wandlung unseres Lebensstils hat zwar die Umwelt verändert, aber nicht unser Erbgut.«

Noch einmal zum Mitschreiben: Struktur und Leistungsfähigkeit eines Organs werden bestimmt von Qualität und Quantität seiner Beanspruchung. Zum Beispiel das Herz. Die Pumpe ist das Herzstück unseres Körpers. Das Herz ist ein Muskel in der Mitte unseres Brustkorbs. Es ist etwa so groß wie unsere Faust und wiegt bei Frauen im Durchschnitt 260 Gramm, bei Männern 60 Gramm mehr. Weil das Herz ein Muskel ist, kann man es durch ein systematisches Herz-Kreislauf-

Training, also Ausdauertraining, also am besten durch Laufen kräftigen.

Durchschnittlich schlägt das Herz 70 bis 80 Mal in der Minute. Machen wir mal eine Rechnung auf. Nehmen wir an, Ihr Herz schlägt 75 Mal pro Minute. Wären 4500 Mal pro Stunde, über 100 000 Mal am Tag. Also 40 Millionen Mal im Jahr – wenn Sie sich nicht körperlich belasten. In 70 Lebensjahren muß das Herz mindestens drei Milliarden Pumpvorgänge leisten.

Durch regelmäßiges Lauftraining verringert sich der Ruhepuls um 20 auf nur 55 Schläge pro Minute. Das bedeutet, das Herz spart rund 30 000 Schläge, Tag für Tag. Das wären pro Jahr rund zehn Millionen weniger.

Man könnte das ausdauertrainierte Sportlerherz durchaus als starken Motor mit großem Hubraum sehen. Das Herz eines Untrainierten wäre vergleichbar mit einem schwachen Motor mit kleinem Hubraum. Klar, der schwächere Motor kann die gleiche PS-Zahl nur bringen, wenn er seine Drehzahl erheblich erhöht. Die Folge: größerer Verschleiß und kürzere Lebensdauer.

Ein trainierter Körper produziert, im Vergleich zu einem untrainierten Körper, auch mehr Blut, bis zu zwei Liter nimmt die Blutmenge durch Training zu. Mehr Blut bedeutet bessere Versorgung mit Sauerstoff, letztlich mehr Energie. Darüber hinaus bildet der trainierte Körper mehr Kapillaren, die schließlich den Muskeln das Blut zuführen. Die Durchblutung verbessert sich bis zu 40 Prozent.

Mit Geschwindigkeiten bis zu 65 km/h jagt das Blut durch unsere Adern. Die roten Blutkörperchen werden in der Lunge mit Sauerstoff beladen, transportieren ihn zu den Muskelzellen und bringen – auf dem Rückweg sozusagen – Abfallstoffe (Kohlendioxyd) zurück zur Lunge, wo sie vom Körper ausgeschieden werden. Herz und Lunge halten den Körper am Laufen und geben ihm die notwendige Kraft.

Zu beiden Seiten des Herzens liegen die Lungenflügel, die aus hochelastischem Gewebe bestehen. Ihre Struktur ist leicht und schwammig. Die Lunge enthält Millionen winziger Lungenbläschen (Alveolen). Hier findet der Gasaustausch statt, bei dem sich das Blut mit Sauerstoff anreichert.

Sauerstoff ist unser Lebenselixier. Wir können ohne Essen mehrere Wochen am Leben bleiben, ohne Trinken immerhin drei bis fünf Tage. Aber ohne Sauerstoff sterben wir nach fünf Minuten. Maß für die menschliche Leistungsfähigkeit ist das Maß der Sauerstoffaufnahme. Je größer also das Sauerstoffaufnahme-Vermögen, um so besser. Ein trainierter Erwachsener nimmt höchstens drei Liter Sauerstoff pro Minute auf, ein ausdauertrainierter dagegen vier, ja sogar sechs Liter pro Minute. Weil gleichzeitig die Pumpkapazität des Herzens besser

funktioniert, wird der Organismus besser versorgt. Sauerstoff ist der Schlüssel zur Ausdauer.

Man läuft. Was läuft im Gehirn ab? Durch Nervenreize wird erhöhter Sauerstoffbedarf der Muskeln signalisiert. Das Gehirn sendet nun Nervenimpulse zu den Brustmuskeln, die die Atemfrequenz und die Atemtiefe bestimmen. Die Atemfrequenz erhöht sich von 18 auf vielleicht 50 Atemzüge pro Minute. Das Atemvolumen steigt von 10 Prozent seines Maximalwertes auf vielleicht 50 Prozent. Mit dem größeren Atemvolumen erhöht sich auch die Lungenbelüftung und damit der Gasaustausch zwischen Blut und Lungenbläschen. Wir atmen mehr Luft ein, der Sauerstofftransport zum Herzmuskel und den anderen Muskeln wird effektiver. Alles läuft rund. Gut zu wissen.

Die Kunst,
das richtige Paar zu finden

Jeder kennt doch einen Schuh-Junkie, oder? Meist sind es, glaube ich, Frauen, die unglaublich auf Schuhe stehen. Pumps, High Heels, Tod's, Palladium – das sind Zauberworte. Frauen und Schuhe – das ist eben der ganz normale Wahnsinn. Und eine wie Imelda Marcos hat es auf die Spitze getrieben, sie stürzte über ihren Schuh-Tick. Na ja, sagen wir über ihren exzessiven Schuhfetischismus. Mehr als 2000 Paar hortete die philippinische Diktatorengattin in ihrem Palast.

Shoe Love, true love. Die Sache mit den Schuhen drückt Teenager besonders. Die Form, die Farbe, die Schuhmarke, ja sogar die Art, wie die Schnürsenkel gebunden sind – an solchen Merkmalen werden junge Leute heutzutage sozial gemessen. Und auch der moderne Mann weiß längst um die Wichtigkeit seines Schuhwerks und akzeptiert Musterungen frei nach Knigge: Sie wollen wissen, ob jemand Stil hat? Schauen Sie nach unten. Zu den Schuhen.

Was das alles mit dem Laufen zu tun hat? Na ja, auch das Kapitel Laufschuhe ist heikel und kompliziert und darf in seiner Tragweite nicht unterschätzt werden.

Vor gut 20 Jahren war der Sportschuhkauf keine Affäre. Da gab es nichts weiter als den guten alten Turnschuh. Von wegen spezieller Zuschnitt für Straße oder Waldboden, für Leichtgewichte oder schwere Brocken, für Überpronierer, die vor allem auf Asphalt laufen oder Plattfüßler, die einen leichten, stabilen Wettkampfschuh suchen. Wer früher einen schmalen Fuß hatte, griff meist zu Adidas, wer einen breiten Fuß hatte, kaufte Puma. Und Freaks schworen auf Brütting. Viel mehr Auswahl gab es damals nicht. Man sprach auch noch nicht von Laufschuh, sondern von »Turnschuh fürs Laufen«. Mit den Schlappen turnte man nämlich auch noch, spielte Tennis oder Fußball und ging mit ihnen der Gartenarbeit nach.

Und heute? Heute wissen wir, daß wir unsere Füße eigentlich küssen müßten, weil sie eine so geniale Konstruktion sind aus 26 Knochen, ebenso vielen Bändern und Muskulatur. Alles zusammen soll und muß für Stabilität, Flexibilität, Elastizität und Dämpfung sorgen. Wir wissen, welcher Belastung unsere Füße ausgesetzt sind, besonders beim Laufen. Man sagt uns, daß wir mit dem passenden Schuhwerk Verletzungen vermeiden können, und umgekehrt, daß wir uns durch schlechte Schuhe unnötig in Gefahr bringen.

Längst gibt es für jede Disziplin spezielle Schuhe. Und besonders viele verschiedene fürs Laufen. Mehr als ein Dutzend Weltfirmen stecken viel Geld und Phantasie in die Entwicklung neuer Treter und versprechen laufend Fortschritt. Sie beschäftigen Biomechaniker, Orthopäden, Werkstofftechniker, Designer. Und dann stecken sie noch einmal soviel Geld und Phantasie ins Marketing. Alle halbe Jahre, im Frühling und im Herbst, präsentieren sie ein paar Dutzend neue Modelle.

Neue Modelle? Na ja, manchmal werden die bewährten bloß ein bißchen aufgepeppt, plötzlich sind die Streifen, der Swoosh oder ein anderes Design-Detail statt rot nun blau oder statt blau neuerdings silberblau. Aber manchmal wird gleich so Revolutionäres auf die Rampe geschoben, daß es dem gemeinen Läufer denn doch zuviel wird. Puma entwickelte das DISC-System, den ersten Laufschuh ohne Schnürsenkel. Kam nicht so gut an, das neue Modell. Modellwechsel – o ja, das gibt es nicht nur in der Autobranche, das gibt es längst auch bei Laufschuhen.

Aber es gibt immer wieder wirkliche Innovationssprünge. Mal bemühen sich die Hersteller zum Beispiel besonders um die Funktionalität und die Verbesserung des Materials der Zwischensohle. Ohne dynamische Zwischensohle kein dynamisches Abrollverhalten des Fußes. Nur: Eine noch dynamischere Zwischensohle kann man dem Schuh leider nicht ansehen. Eine noch bessere Dämpfung schon. Gute Dämpfung ist wichtig.

Dämpfung, das ist die Fähigkeit der Sohle, die Aufprallenergie zu absorbieren.

Weil inzwischen fast alle Laufschuhe ganz gut dämpfen, reichen keine gedämpften Töne, um die Dämpfungseigenschaften zu würdigen. Also schreien sie, die Schuhe und die Hersteller. Grell das Design der Dämpfungssysteme, schrill und geheimnisvoll ihre Namen. Wie soll ich mich da als kaufwilliger Läufer noch zurechtfinden?

Gut, es gibt diese Laufschuh-Tests in den Lauf-Magazinen. Aber lassen sich denn Laufschuhe überhaupt testen – wie CD-ROM-Laufwerke oder Espressomaschinen, Rasenmäher oder Mittelklasseautos? Und kann es den besten Laufschuh überhaupt geben oder nur den besten ganz speziell für mich? Es heißt doch immer: Jeder hat eine andere Fußform. Also braucht doch auch jeder seinen ganz individuellen Schuh.

Aber wie kann ich den finden in der Fülle? Wie soll ich wissen, ob ein Verkäufer wirklich Ahnung hat? Nehmen wir an, er hätte sie. Kann das nicht peinlich werden, wenn er zum Beispiel fragt:

Kann es sein, daß Sie Plattfüße haben?

Sind Sie Ballen- oder Fersenläufer, Überpronierer oder Supinierer?

Brauchen Sie Schuhe mit gebogenen oder geraden Leisten? Oder wären nicht sogar supinationshemmende Konstruktionsmerkmale sinnvoll?

Meine Güte, was für Fragen. Ein tückisches Feld, auf dem immer die Gefahr der Blamage droht. Wie soll ich da, ich der Kunde König, würdig auftreten können? Klar, ein paar persönliche Fragen in Sachen Schuh kann sicher jeder aus dem Effeff beantworten. Zum Beispiel seine Schuhgröße. Eventuell auch, ob der Schuh drückt. Aber Überpronierer und Supinierer, Zwischensohlenhärte und Fersenstabilität?

Bleiben wir nur bei der Dämpfung. Air von Nike – bei diesem Klassiker ist das noch leicht zu kapieren. Sieht ja auch jeder Laie: Die haben Luft in die Sohle gepumpt, die luftgefüllten Plastikröhren sind schön bunt. Reebok hat das Prinzip mit dem sohleninternen Luftfluß konsequent weiterentwickelt: »Die erste Luft-Transfer-Technologie in einem Laufschuh heißt DMX Series 2000.« Sehen echt cool aus, die Schlappen. Transparente Ice-Bottom-Laufsohle, hochabriebfest, atmungsaktives Nylon-Mesh, Gilly Schnürsystem heißt das in der Fachsprache.

Und was bitte ist Abzorb (New Balance) oder Hydrowflow (Brooks) oder gar Ground Reaction Inertia Device, kurz GRID genannt, das die Firma Saucorny kreierte? Werbetext: Dieses Konzept beruht auf der Wirkung des berühmten »Sweet Spot«. Durch ein Netz von Hytrel-Fasern bietet das GRID optimale Dämpfung. Alles klar?

Als »Meilenstein in der Sportschuhentwicklung«

sieht Adidas selbstlobend seine »Feet You Wear«-Technologie: Ein Schuh, der den Fuß »Fuß sein läßt«. Ein Schuh mit abgerundeter Ferse und einer Außensohle, die genau dort flexibel ist, wo auch der Fuß flexibel ist; mit Einsätzen in der Außensohle für optimale Haftung und gerade so viel Dämpfung wie nötig. Die Werbebotschaft der Schuhmacher von Adidas ist einleuchtend. Sie geben zu: Leute, wir haben vom allerbesten Schuhmacher abgekupfert, nämlich von der Natur. Die »Feet You Wear«-Sohle ist eine exakte Kopie des Fußes. Ohne störende Nebengerüche.

Alles klar.

Und welches Paar ist denn jetzt das Beste für mich?

Och, vielleicht nehme ich doch die Blauen da. Die Farbe gefällt mir ganz gut.

Läufers Freund und Feind

Von Luis, meinem vierbeinigen Freund, werde ich gleich noch genug erzählen. Luis hat mich nämlich wieder mit der Hundewelt versöhnt. Luis ist nicht nur freundlich und klug und liebenswert, er ist außerdem ein Laufwunder, mein verläßlicher Schrittmacher. Für Luis ist Laufen die zweitschönste Sache, die er kennt. Laufen kommt in seiner Werteskala gleich nach Fressen, aber noch vor In-der-Sonne-dösen oder Dem-Postboten-auflauern-und-anbellen.

Ich gestehe: wie viele Läufer war auch ich einmal ein Hundehasser.

Das hatte bestimmt mit der bösen Braunen zu tun. Eigentlich war das ja eine ganz alltägliche Begegnung der unangenehmen Art. Aber für Psychologen wäre mein fehlgelaufener Fall, wenn ich ihn denn offenbart hätte, sicher ein gefundenes Fressen. Von wegen prägendes Hunde-Schock-Syndrom, Spätfolgen und so.

Hunde haben gewöhnlich ein intaktes Gespür für Unterordnung. Der Mensch ist normalerweise übergeordnet. Warum setzt diese genetische Programmierung so oft aus, wenn es um Jogger geht? Betrachten Hunde

Jogger etwa nicht als vollwertige Vertreter der übergeordneten Spezies Herrchen oder Frauchen?

Als das mit der bösen Braunen lief, lebte ich noch nicht auf dem Land, sondern mitten in München. Beim ersten Vis-à-vis dachte ich noch: Die sieht aber nett aus, schön schlank, pfiffig, gut gewachsen. Sie lag mitten auf dem Bürgersteig, vor einem Trödelladen. Eine schlanke, braune Hündin. Rasse? Schwer zu sagen. Da war wohl ein Boxer mit im Spiel, womöglich ein Schäferhund die Grundlage. Was mehr eingeschlagen hatte, war mir schnuppe, später. Wie verschlagen sie war, dagegen nicht.

Die schlanke braune Hündin lag also mitten auf dem Trottoir. Hinter ihr stand nur eine Auslage mit antiquarischen Büchern, abgegriffenen Schwarten, bei denen kaum Gefahr bestand, daß sie einer mitgehen ließ. Das schien auch die Hündin zu wissen. Jedenfalls hatte ich, beim Näherkommen, den Eindruck: Die wacht nicht besonders, die döst. Und zwar ganz friedlich. Denkste.

Ich näherte mich in lockerer Gangart. Meine Schritte waren von geradezu sanftem Anschlag auf den Asphalt. Das füge ich hinzu, nicht, weil ich hier mit meiner stilistischen Reife protzen will, sondern um dem Leser zu signalisieren: Da kam kein Trampel daher, der die braune Hündin abrupt aus seligen Hundeträumen holte.

Also: Ich passierte das scheinbar dösende Tier leichten Schrittes, in knapp zwei Meter Distanz. Nichts ahnend. Ahnt mein Leser, was dann passierte? Richtig. Die Kreatur hetzte hinter mir her. Aber wie. Mit gräßlichem Gebell und allen Schikanen. Geifernder Blick. Zähnefletschend. Und überhaupt.

Das war kein Spaß. Ich bin mit Hunden aufgewachsen. Astor, Pedro und Harras hatten mir damals vorgelebt, daß sie natürlich auch eine Seele haben und Ansprüche und vor allem Instinkte. Einer ist in der Tierpsychologie als »Territorialinstinkt« bekannt. Jeder vernünftige Hund steckt sein Revier nun mal mittels Duftmarken ab. In der Praxis ein simpler Vorgang: Er hebt das Bein und pinkelt – sozusagen Grenzpfähle. Diese Grenzen prägen sich Hunde ein und sie verteidigen die dann hartnäckig. Aber ich war doch kein Eindringling. Was dachte sich die Braune bloß? Wie andere Passanten nutze ich den Bürgersteig zur Fortbewegung, nur eben ein bißchen flotter. Wie auch immer: Der Scheiß-Köter war hinter mir her.

In so einem Moment schießen dir ganz elementare Gedanken durch den Kopf. Bloß nicht packen lassen. Bloß dem Vieh keine Gelegenheit geben, daß es in die Hacken, Wade oder Achillesferse faßt. Aber was tun? Schneller rennen? Einem Langläufer wie mir fehlen Sprinter-Qualitäten. Die Gefahr ignorieren? Das wäre sicherlich dumm. Dem Köter energisch entgegentreten,

mit einem autoritären »Sitz!!!« oder »Hauuu ab, du Kläffer!!!«? Wer weiß, ob der das kapiert. So tun, als würde man einen wuchtigen Stein oder Stock aufklauben, in der Hoffnung, daß sie, wie fast jeder Hund, davor Schiß hat? Wer weiß, ob dazu die Zeit noch reicht.

Ich entschied mich für die Choleriker-Strategie. Wartete, bis der braune Bomber dicht an mir dran war, drehte mich abrupt um, rannte wie ein Wilder und mit schrecklichem Geschrei auf das arme Tier zu, wirbelte unterstützend mit beiden Armen, ich führte mich wie ein Verrückter auf, verdrehte wohl auch die Augen – und zeigte Zähne. Das muß der Hündin imponiert haben. Sie ließ ab von diesem unberechenbaren Feind, sie ließ mich stehen und trottete auf ihren Platz zurück. Ich glaube, sie hatte sogar ein bißchen den Schwanz eingekniffen.

Selbstverständlich war damit unsere unselige Bekanntschaft nicht zu Ende. Nein, dies war nur der Beginn einer kochenden Haß-Liebe. Jedesmal, wenn ich von zu Hause loslief, mußte ich schon an meine Intimfeindin denken. Ob sie wohl wieder auf dem Bürgersteig lauerte? Oder saß bei ihr der Schrecken tief genug? Sollte ich vielleicht lieber doch auf der anderen Straßenseite laufen, ihr Revier großräumig umgehen? Oder eine ganz neue Route wählen? Oder trotzig die Kraftprobe suchen? Natürlich wählte ich stets die letzte

Option. Tatsächlich lag sie dann auch fast immer da.

Also gut, ich gebe es zu, ich änderte meinen Rhythmus, sobald ich sie sah. Ich lief nicht mehr, ich trabte nicht mal mehr, ich ging. Wie Fußgänger gehen. Aber schnallte das auch die Hündin, daß ich nur in die Rolle eines Fußgängers geschlüpft war? War sie vielleicht hinterfotzig? Hatte sie die schamvolle Niederlage zu Beginn unserer Bekanntschaft vergessen oder nur notdürftig verdrängt? Unwägbarkeiten, die mir laufend durch den Kopf gingen.

Meist blieb die braune Hündin am Boden liegen, scheinbar gelassen. Nicht daß sie devot liegen blieb, ohne einen Mucks von sich zu geben. Sie knurrte hinter mir her. Aber wie. Bei anderen tat sie das nicht, das Biest, nur bei mir. Und wie. Ja, wie wohl? Aggressiv und laut. Ich war ein Besonderer in ihrer Hundewelt geworden. Sie bedachte mich, den Läufer, mit besonderer Aufmerksamkeit. Na ja, immerhin was. So hat jeder Läufer seine Hundegeschichte.

Gerd hatte weniger Glück. Er hatte irgendwann mal Schneidezähne in den Hacken und diese Schneidezähne gehörten einem Schäferhund, der nicht auf die Choleriker-Strategie reingefallen war. Gerd war drei Wochen außer Gefecht. Wenn man ihn auf Hunde anspricht, sagt er nur Scheiß-Hunde, und wenn einer von den Scheiß-Hunden eine gewisse Größe (die des

Dackels) überschreitet und eine gewisse Distanz (zehn Meter) nicht einhält, gerät Gerd in fürchterliche Panik. Dabei verfügt er über eine Statur, mit der er über das Wort Schiß eigentlich erhaben sein müßte. Aber ein Hundebiß schmerzt wohl für immer.

Wenn Hündinnen läufig sind, müssen sie an die Leine. Wenn Hunde hinter Läufern her sind, sollten sie erst recht an die Leine. Leichter gesagt, als getan. Es gab und gibt immer wieder Stimmen für totalen Leinenzwang, oft aus der Jogging-Bewegung. Manche meinen, es gäbe immer mehr degenerierte Hunde, manche hätten sogar einen gemeingefährlichen Husch.

Na gut, so eine »Interessengemeinschaft gegen das herrenlose Herumlaufen von Hunden« ist ein Ansatz, theoretisch. Praktisch können sich Läufer nur schwer gegen Übergriffe von Hundebestien wehren. Anzeige erstatten? Gar nicht so leicht. Wie will man einen Hundebesitzer, der seine Aufsichtspflicht schluren läßt, denn stellen? Übliches Ritual: »Was, Sie wollen meine Personalien? Gebe ich nicht. Bin doch nicht blöd. Damit Sie mich vielleicht anzeigen?«

Selbst wenn das mit den Personalien mal gelingt, muß es bei der Polizei nicht automatisch leichter werden. Da lautet die erste Frage häufig: »Wie schwer sind Sie denn verletzt?« Und wenn einer dann antwortet: »Bin froh, daß mich das Drecksvieh nicht erwischt hat«, antwortet der Polizist womöglich: »Na, dann ist doch alles in bester Ordnung.«

Ich war, wie gesagt, am Anfang meiner Laufbahn, nach jener bitteren Begegnung mit der bösen Braunen, einst auch ein vehementer Hundehasser.

Bis ich selbst auf den Hund gekommen bin. Jetzt erledigt Luis für mich sämtliche Probleme, schon im Vorfeld. Luis lenkt alle Aufmerksamkeit auf sich. Wenn ein fremder Hund auftaucht, läßt der mich links liegen. Luis ist da viel interessanter, ihn zu beschnüffeln, mit ihm zu spielen, vielleicht sogar durch Feld und Wald zu jagen und manchmal auch zu raufen. Noch nie ist unterwegs was Schlimmes passiert. Aber so viel Erfreuliches. Schon seine Vorfreude. Sobald Luis merkt, daß sich unsereiner lauffertig machen will, ist er nicht mehr zu halten. Er muß das an meiner Art merken, wie ich in den Keller gehe. Ich gehe öfter am Tag in den Keller, zum Beispiel, um Getränke zu holen. Das interessiert Luis nicht. Er folgt mir nur, wenn ich mich anschicke, mich fürs Laufen umzuziehen. Wie er sich dann aufführt. Er flitzt vor und hinter mir her, er springt euphorisch an mir hoch, leckt meine Hand und macht komische Geräusche. So drückt sich Hundelust aus.

Luis ist mehr als nur ein dankbarer Mitläufer. Luis ist insgeheim mein läuferisches Vorbild. Er ist von Natur

aus ein begnadeter Renner. Er läuft ausdauernd und es sieht elegant aus, wie er läuft.

An seiner Mutter kann das kaum liegen. Wir kennen sie. Sie heißt Charlotte. Und Charlotte ist eine eher häßliche Hündin. Ein Ibizamischling, kurzbeinig und ziemlich fett. Schwarze Flecken, es könnten Dalmatinerpunkte sein, lassen gewisse Rückschlüsse über ihren Stammbaum zu. Wer als Vater von Luis in Frage kommt, können wir nur ahnen. Wahrscheinlich war ein Neufundländer mit im Spiel.

Jedenfalls hat Luis Power und Herz. Er läuft mit beneidenswerter Leichtigkeit. Er kann in Nullkommanichts beschleunigen, besonders, wenn er ganz dahinten im Feld einen Hasen erspäht. Aber er kann auch ebenso rasch abdrehen, wenn er meinen Pfiff hört. Häufig läuft Luis meine doppelte Distanz. Unermüdlich stratzt er vorneweg, zwanzig Schritte voraus, wieder zurück zu mir, wieder zwanzig Schritte voraus. Seine besondere Vorliebe gilt hüfthohen, feuchten Wiesen. Seine Bewegung durch solches Territorium gleicht geradezu orgiastischen Bocksprüngen.

Nur im Sommer, wenn es tatsächlich mal extrem heiß ist (soll ja zuweilen noch vorkommen), spart Luis konsequent Kräfte. Da trödelt er, da läuft er hinter mir, da hechelt er dramatisch und es kommt sogar vor, daß er mich mit einem Sitzstreik ärgert, der schlaue Fuchs.

Wahrscheinlich denkt er an solchen Hundstagen: Mensch, laß Herrchen, den Spinner ruhig weiterlaufen, aber ich mach den Blödsinn nicht länger mit.

Ach Luis, mein Lieber. Weißt du eigentlich, daß ich manchmal, wenn es schüttet, stürmt oder graupelt, wenn es also draußen so richtig mies ist, wenn mich eigentlich nichts hinter dem Ofen hervor locken kann – daß ich dann trotzdem laufe, nur um dir, Luis, einen Gefallen zu tun?

»Vogel fliegt, Fisch schwimmt, Mensch läuft«

Früher haben wir öfter Emil Zatopek gespielt. Das ging ganz einfach. Man mußte nur völlig verrückt laufen. Mit hölzernen, eckigen, stakeligen Bewegungen. Die Zunge mußte einem aus dem Mund hängen und man mußte keuchen, fürchterlich keuchen. Wie eine Lokomotive. Wie Emil Zatopek – die tschechische Lokomotive.

Zatopek. Kaum ein anderer Athlet hat die Einbildungskraft seiner Zeitgenossen mehr stimuliert. In den fünfziger Jahren wurde Zatopek, der von schmächtiger Gestalt war, als »Koloß der Straße« beschrieben. Seine Gegner auf der Aschenbahn fürchteten ihn und fügten sich in seine Unbezwingbarkeit. Wenn die tschechische Lokomotive unter Dampf stand, zog sie unwiderstehlich davon. Viermal gewann Zatopek olympisches Gold. Einmal 1948 in London im 10 000-Meter-Lauf, vier Jahre später in Helsinki dreimal: über 5000 Meter, 10 000 Meter und im Marathonlauf. In den Jahren bis 1955 machte er erfolgreiche Jagd auf sämtliche Langstrecken-Weltrekorde. Ein phänomenaler Mann. Eine Lauf-Legende.

Welch ein Privileg, die lebende Legende Zatopek

kennenzulernen. Doch damit nicht genug: Er ließ sich von mir sogar zu ein paar gemeinsamen Runden im Prager Stadion »Stahov« überreden, dort, wo er 1951 den Weltrekord über 20 Kilometer gebrochen hatte. Nie werde ich den Tag mit Emil vergessen.

Der erste Eindruck: diese Dahlien! Und die Margeriten zur Straße hin: Prächtig! Und erst die Gurken am Hang, hinter dem Haus! Für Augenblicke genoß auch Emil Zatopek das anerkennende Staunen seines Besuchers. Dann aber entzauberte er alle Spekulationen über sein Geschick im Umgang mit Grünzeug. »Hilft Hühnerkacke – Pflanzen lieben das.« Mit liebenswürdiger Bereitschaft führte er sein ergiebiges Düngezeug vor. Wir standen unter dem Küchenfenster, vor einer Tonne. Zatopek lüftete den Deckel und erläuterte seine Mischung à la maison: Regenwasser, Holzasche und eben Mitbringsel aus dem Hühnerstall. Nie, erzählte er, kehrte er von einer Fahrt aufs Land ohne Hühnerdreck heim.

So also begann meine Bekanntschaft mit Emil Zatopek, den viele als Lauf-Philosophen betrachten. Laufen, so predigt er zeitlebens, sei nun mal die natürlichste Bewegung für den Menschen. Er hat das auf eine einfache Formel gebracht: »Vogel fliegt, Fisch schwimmt, Mensch läuft.« Diese Sentenz, so schlicht und so tiefsinnig wie Sepp Herbergers Fußballweisheit

»Der Ball ist rund«, wiederholte Emil Zatopek auch heute. Sie ist seine große Lebenseinsicht. Seine Botschaft. Vogel fliegt, Fisch schwimmt, Mensch läuft.

Mensch, wie lief Emil bloß. Eigentlich wie die Karikatur eines Athleten. Oft hing ihm die Zunge aus dem Hals. Sein Gesicht war eine Grimasse. Den Oberkörper nach links eingeknickt, den Kopf in Schieflage, die Arme eckig gewinkelt und heftig schwingend, die stakeligen Beine, die unelegant auf die Aschenbahn hämmerten – so kämpfte, nein: so knüppelte sich Zatopek zu seinen Siegen und neuen Rekorden. Ein Bild des Jammers. Das Gegenteil eines Ästheten. Sagte er später selbst auch. »Aber«, fragte er amüsiert, »hätte ich lächeln sollen und deswegen verlieren?« »Wie ausgepreßte Zitrone« fühlte er sich damals, der Wunderläufer. Er wollte alle Mittel- und Langstrecken beherrschen. Er war besessen.

Er hatte mich ins Wohnzimmer geführt. Wir saßen am Tisch und schlürften heißen Kaffee, den Emil gekocht hatte. Er erzählte, wie er zu einem seiner Weltrekorde kam. »Emil« stichelte ein Funktionär, »du hast so viele Rekorde, aber was ist mit 5000 Meter?« Seit zwölf Jahren bestand Gunder Häggs Bestmarke. Emil war entflammt. »Laß mich drei Wochen trainieren«, antwortete er.

Also drei Wochen verschärftes Pensum. Fünf 200-

Meter-Sprints für die Schnelligkeit, 60, 70, bis zu hundert 400-Meter-Läufe für die Härte und das Stehvermögen, dazwischen immer leichter Trab, zum Schluß noch fünfmal 200-Meter-Tempo-Torturen – und das täglich. Gymnastik kannte er nicht. Abends fühlte er sich, wie gesagt, »wie Zitrone«. Oft hatte er nicht einmal mehr Lust auf Brot und Bier, die Grundpfeiler seiner Ernährung, so kaputt fühlte sich Emil. Bier, sein Lebenselixier. Zatopek liebte das Gebräu und gönnte es sich literweise. Da mochte Dana schimpfen, Emil ließ es dennoch laufen.

Am 30. Mai 1954 verbesserte Zatopek, damals 32 Jahre alt, in Paris tatsächlich Häggs uralte Bestmarke über 5000 Meter – 13:57,2 Minuten. Damals eine sensationelle Leistung. Heute würde einer wie Haile Gebrselassie den Ausnahme-Athleten Zatopek weit hinter sich lassen. Ein halbes Menschenalter später kommt sich Emil Zatopek vor wie ein Kronzeuge aus der Steinzeit des Sports: »Meine Rekorde waren historisch interessant, mehr nicht.«

Mehr nicht? Zatopek war für das Laufen nur mittelmäßig begabt. Seine Grundschnelligkeit war gering. Der neuseeländische Trainer Arthur Lydiard suchte nach Talenten, die schnell wie Sprinter sein und Stamina wie Marathonläufer haben sollten. In nur zwei Jahren führte er seine Schüler Peter Snell und Murray Halberg

1960 zum Olympiasieg. »Arthur«, fragte Emil ihn einmal, »was hättest du mit mir gemacht?«

Ehrliche Antwort: »Dir geraten, Schach zu spielen«.

»In konstitutioneller Hinsicht ist er nichts Außergewöhnliches«, bescheinigten Sportärzte. Lungenkapazität und Herzdimension waren die von durchschnittlichen Lang-streckenläufern. Bemerkenswert bloß seine Fähigkeit, sich schneller als andere zu erholen.

Zatopek war ein Einzelkämpfer. Kein Team, das ihm zur Seite stand, keine Physiologen, Psychologen, keine wissenschaftliche Methodik oder Systematik, die Energieeinnahme, Trainingsdosierung oder Ruheperioden kontrollierten. Zatopek war sein eigenes Versuchskaninchen. Er verließ sich auf sein Gefühl, auf die Kraft und Energie von Bier und Brot – und auf seine Willenskraft. Selbstdisziplin, ein Schlüsselwort für Zatopek. »Hält man das Training durch viele Jahre hindurch genau ein, so ist der Wille kein Problem mehr. Es regnet? Das tut nichts zur Sache. Ich bin müde? Darauf kommt es nicht an! Ich muß ganz einfach! Mit jeder erfüllten Aufgabe wächst der Wille. Er kann den Körper zu ungeahnten Leistungen zwingen.«

»Sport beeinflußt nicht nur die Gesundheit, durch Sport gewinnt man Charakterstärke, die dem Leben zugute kommt. Man beherrscht seinen Körper in jeder Situation, man weicht auch vor den größten Hindernissen nicht zurück. Zwingt man sich zum Training ein- oder zweimal, dann hat das noch keine besondere Bedeutung. Zwingt man sich aber hundertmal, dann erwirbt man Eigenschaften, die zur Zierde des Lebens gereichen können.«

Emil Zatopek ging in den Garten, um Petersilie zu holen, die Dana für den Eintopf brauchte. Er trug Turnschuhe. Er federte zum Hang, hinter das Haus, kam an den Kartoffeln vorbei und zupfte ein paar Halme, die da nicht wachsen sollten. Er lachte über seine Marotte, kein Unkraut im Beet dulden zu können. Als Knabe in Koprivnice nämlich hatte er das Unkrautzupfen noch gehaßt. Er wollte wie die anderen Fußball spielen, doch Vater Frantisek, Tischler von Beruf, schlug regelmäßig auf den Tisch: »Du willst Bewegung? Geh in den Garten, Unkraut zupfen.« Ohnehin schien der Vater den kleinen Emil auf dem Kieker zu haben. Er hänselte ihn häufig wegen seiner »leichten Karosserie«. Vorbild sollten für Emil seine Brüder sein, Frantisek, der Polsterer, und Jaroslav, der Schlosser. Die waren nach Vaters Gusto geraten: »scheen rund, sehr gesund«.

Emil, Lehrling bei den Bata-Werken, geriet mit 15 Jahren an den Ausbilder Linhard, der das Laufen predigte. »Hört mal«, befahl der, »Sonntag ist Straßenlauf, alle machen mit.« Da meldete sich Emil krank. Als

der Betriebsarzt ihn als Simulanten überführte, war Ausbilder Linhard böse und Emil auch. »Der Sieg«, sagte sich Emil, »wird meine Rache.«

In seinem ersten Wettkampf wurde Emil nur Zweiter, aber er hatte Blut geleckt, denn ihm gefiel sehr, wie die Leute am Straßenrand ihm, dem Emil, dem dünnen Hemd, applaudierten. Und Thomas Schalle, der Schnellste aus dem Lehrlingsheim, lobte ihn sogar und lotste ihn zum Training. Emil ging hin, weil die Aussicht auf Gratisschuhe und einen schönen Trainingsanzug bestand.

Die alten Geschichten: Emils Eigenwilligkeit, der Eifer, mit dem er Nurmis Trainingsmethoden einfach übernahm, allerdings dessen doppeltes Pensum absolvierte. Sein erstes Rennen mit 19 Jahren. Der Eintritt in die Armee mit 23, weil er dort Auskommen und Zeit zum Training erhoffte. Und schon damals nicht nur seine Willenskraft, auch weise Einsichten: »Ich denke, daß große Begeisterung und außerordentliche Entschlußkraft entscheidend sind. Diese Eigenschaften rufen weitere und weitere hervor. So kommen wir über die anfänglichen Mißerfolge hinweg und steigen langsam höher. Nur müssen wir unsere Aufgabe richtig abstufen, damit sie jeder gesunde und auch nicht besonders begabte junge Mann vollbringen kann. Man darf nicht ohne Stiege gleich in das zweite Stockwerk steigen wollen.«

Wir drehten drei Runden im Prager Stadion »Stahov«. Dort, wo er 1951 seinen sagenhaften 20-Kilometer-Rekord (»unter einer Stunde«) aufstellte. Auf der Gegentribüne kämpften wir gegen den Wind. Profane Bedingungen, aber doch ein großer Moment – jedenfalls für mich.

Emil Zatopek atmete kaum hörbar. Seine Schritte waren kurz, sein Tempo gebremst. Erinnerungen liefen mit. Damals hatte er, wie eigentlich immer, im Gespür, daß es ein guter Tag werden würde. Sein Herz signalisierte stets zuverlässig, wenn es laufen würde. Wie immer vor wichtigen Wettkämpfen hatte er nur ein bißchen Brot gegessen und Tee getrunken. Er fühlte sich leicht. Er dachte nicht an die Distanz. Er achtete auf das Publikum. Dessen Begeisterung beflügelte ihn.

Im Antiquariat stöberte ich später ein Heldenbuch über Zatopek auf: ›Der Marathonsieger‹. Zeitgenosse Frantisek Kozik hat Emil Zatopek als Überirdischen beschrieben. »Als Emil die Piste betrat, spürte er bei jedem Schritt, wie vorzüglich die Bahn vorbereitet war. Er liebkoste sie sozusagen bei jeder Berührung und fühlte sich an diesem Tage in vorzüglicher Verfassung.«

Nach 16 Kilometern bekam Emil Seitenstechen. Auch die Hüfte schmerzte. Der Schmerz verschlechterte die Koordination und das führte zu größerer Ermü-

dung. Die Beine wollte nicht mehr richtig vorwärts. Aber Emil wollten den Fabelrekord.

»Mit noch größerer Gewalt«, schreibt Kozik, »mußte er gegen seinen eigenen Körper, gegen seinen Widerstand, gegen die Müdigkeit und die Schmerzen kämpfen. Ein Kampf, über den der Zuschauer gewöhnlich nichts erfährt. Denn der Läufer kann sich während des Laufes nicht beklagen. Und beendet er das Rennen, so fragt niemand mehr danach. Es sind keine zufälligen Grimassen, welche wir in Emils Antlitz sehen können. Es sind wahre Leiden, es ist der Wille, der die menschlichen Schwächen überwinden muß. Die Schwächen und die Schmerzen, vor denen wir so oft fliehen, doch Emil lehrt uns, wie man sie überwinden kann. Er leidet, er löst die Arme, er zieht sie wieder an, er öffnet den Mund, seine Lunge lechzt nach Luft. Aber wir, die ihn so gut von vielen Läufen her kennen, wir wissen, daß er es leisten wird, daß er bald wieder lächeln wird.«

In den Zurufen der Zuschauer klangen jubelnde Töne. »Emotionen multiplizieren Muskelkraft«, sagte Emil Zatopek. Wir trabten friedlich nebeneinander. Emil war seit damals zehn Kilo schwerer geworden. Dieser Tatsache gewann er folgende Erkenntnis ab: »Höhe unter Kontrolle, Breite nicht«. Wir lachten.

»Lachen«, meinte Zatopek später, »lachen ist wunderbar. Aber immer nur lachen ist auch nicht gut. Sogar bei den schönsten Sachen muß Disziplin sein. Denken Sie nur an ein Symphonie-Orchester.« Er dozierte, weil die Rede auf Schwejk gekommen war, der aus Disziplin immer einen Jux gemacht hat.

Man nannte Emil Zatopek auch immer einen Schwejk, nach jenem braven Soldaten in Jaroslav Haseks Roman, der mit seiner einfältig-pfiffigen Art die Militärmaschinerie der k.u.k. Monarchie übers Ohr haute und jedermann fusselig redete: »Wie es auch war, irgendwie war es immer und nie war's, daß es nicht irgendwie war.«

War Emil Zatopek ein Schwejk? Er war, erklärte er treuherzig, nur immer auf der Seite der Wahrheit. Den Athleten Stanislaw Jungwirt wollte die Obrigkeit 1952 nicht zu den Olympischen Spielen nach Helsinki fliegen lassen, weil sein Vater wegen Regimekritik saß. Olympiafavorit Zatopek sagte, er starte nur, wenn auch Jungwirt starten dürfe. Drei Tage lang wartete Emil auf den »grünen Anton«, der ihn ins Gefängnis schaffen würde. Schließlich kam eine schwarze Regierungslimousine, die Jungwirt und ihn zum Flugplatz chauffierte.

Er unterschrieb 1968 das ›Manifest der 2000 Worte‹, das eine Demokratisierung der CSSR forderte, und ging im »Prager Frühling« mit auf die Straße. Nach der sowjetischen Invasion wurde dem Oberst Zatopek sein

militärischer Rang aberkannt. Man steckte ihn in einen Bautrupp, der nach Mineralwasser bohrte. Emil gewann dem Positives ab: »Konnte nützlich sein, verdiente doppelt so viel wie als Oberst.« 1974 forderte ihn das Sportkomitee an, Abteilung Dokumentationszentrum. Weil er Französisch, Deutsch und Englisch konnte, sollte er als eine Art Sport-Spion arbeiten und medizinische und ernährungswissenschaftliche Facharbeiten übersetzen. Gelegentlich trauerte Emil Zatopek der Arbeit an der Bohrmaschine nach, weil er die nützliche Tätigkeit »halb sportlich« sah.

Emil Zatopek sagte später: »Mein Leben lang habe ich eine Glücksgöttin gehabt. Ich konnte immer, was ich wollte und wollte immer, was ich konnte.« Kein Grund, im Zorn zurückzublicken. Auch nicht auf die Jahre, in denen er in der Versenkung verschwunden war. Längst wurde er wieder der beste Botschafter seines Landes – ein Sportidol zum Anfassen, liebenswürdig und weise.

Er lebte, sagte er, gut. Sein Vorbild, der Finne Paavo Nurmi, bekam schon zu Lebzeiten ein Denkmal. Emil Zatopek brauchte das nicht. Volle Vitrinen, Pokale, Trophäen, sagte er, waren nie Ziel seiner Anstrengungen. Ein bißchen Anerkennung schon eher. Sein wirkliches Ziel war stets, glücklich zu leben, also aktiv zu leben – sportlich zu leben. »Bewegung macht Harmonie.«

Sie haben ihr Auskommen, er und seine Frau Dana,

die ehemalige Sportlehrerin und Speerwerferin. Die Zatopeks haben das Haus am Südhang, den Garten. Jeden Morgen hat Emil immer noch einen Packen Post im Briefkasten, nicht nur Autogrammwünsche, auch Einladungen in alle Welt. Vor allem aber hat Emil seine Dana, die seit 45 Ehejahren auf ihn aufpaßt.

Gelegentlich gelang das nicht ganz. Emil waren zum Beispiel immer Erinnerungsstücke aus glanzvollen Tagen gänzlich schnuppe. Einmal hat das Dana sehr böse gemacht. Da zweckentfremdete Emil einen Speer zum Harkenstiel – ausgerechnet den Speer, mit dem Dana Zatopková 1952 die olympische Goldmedaille gewonnen hatte.

Emil sagte noch: »Im Sport ist niemand Bester für immer.« Daß seit seiner Zeit schon Tausende Athleten bessere Zeiten als er liefen, ficht ihn nicht an. Weshalb auch? Keiner hat wie Emil Zatopek das Kunststück fertiggebracht, mit jämmerlicher Figur zu siegen und durch diese Siege eine glänzende, heldenhafte Figur zu werden.

»Vogel fliegt, Fisch schwimmt, Mensch läuft.«
Emil erfreut.

Der Lauf-Professor

Er ist beileibe kein typischer Professor, o nein. Denn neigen Professoren nicht dazu, alles, einfach alles kompliziert darzustellen – jedenfalls komplizierter als es eigentlich sein müßte? Schmeißen sie nicht liebend gerne mit diesen gräßlich hohlen sozio-psycho Wortbrocken um sich? Weil sie darauf spekulieren, daß durch ihr wissenschaftliches Fachchinesisch auch ganz, ganz simple Sachen höchst bedeutsam klingen oder zumindest wie eine Nebelkerze wirken können. Sie verschleiern prima. Zum Beispiel Dünnbrettbohrerei.

Nein, so was macht Professor Alexander Weber nicht. Ihm ist akademische Arroganz fremd. Er ist zugänglich und höflich. Und er redet mit allen und wie die meisten von uns. Allerdings: Er sieht uns Menschen weiß Gott nicht als Krone der Schöpfung. Er betrachtet uns eher als Tiere – als Bewegungstiere, als Lauftiere.

Wir Menschen, davon ist der Psychologe und Erziehungswissenschaftler aus Paderborn überzeugt, sind eigentlich geschaffen für ein Leben am Existenzminimum. Diese Überfülle des Angebots in allen Lebensbereichen, diese Prasserei, vor allem diese Stubenhockerei – nein, das ist nicht unsere Natur. Ja, uns geht es zwar materiell immer besser, aber stimmungsmäßig immer schlechter. Stichwort Depression, die neue Volksseuche. Professor Alexander Weber kennt und wirbt für ein ganz einfaches Mittel, das seiner Überzeugung nach einfach gegen alles hilft: Laufen.

Laufen als Allheilmittel. Kennen Sie vielleicht ein Rezept, das gegen so viele Zivilisationskrankheiten gut ist? Zum Beispiel bei Streß oder zu hohem Blutdruck, Alltagsängsten und Schlafproblemen, Verspannungen und Verstopfung. Ein Rezept, das gleichzeitig noch gegen gestörtes seelisches Gleichgewicht hilft, das Nervosität, Müdigkeit, bestimmte Formen von Kopfschmerzen, Migräne zum Beispiel, abbaut und mangelndes Selbstbewußtsein aufbaut?

Laufen hat sich als Allzweckwaffe gegen all diese Beeinträchtigungen bewährt, weiß Professor Weber. Er erforscht das Phänomen Laufen und seine wohltuenden Nebenwirkungen seit vielen Jahren und versucht unermüdlich, seine Botschaft unters Volk zu bringen. Er schreibt populäre Berichte und Bücher, er hält Vorträge. Er gründete 1990 das Deutsche Lauftherapiezentrum in Bad Lippspringe und hat inzwischen sogar ein neues Berufsbild auf die Beine gebracht: Lauftherapeut. Und weil der wissenschaftliche Austausch in Gang kommen soll, ersann er überdies ein Lauf-Symposium. Generalthema der ersten Vier-Tage-Veranstaltung mit Workshops und Vorträgen: »Gesundheitsförderung durch Lauftherapie«.

Laufen als Lebensstil. Laufen ist leicht. Beim Laufen fällt der Einstieg ins Aktiv-Programm nicht so schwer wie bei anderen Sportarten. Zwar war zu keiner Zeit Sport derart präsent und wurde nie so wichtig genommen wie heute. Der Sport wurde gesellschaftlich ungemein aufgewertet. Millionen beschäftigen sich ständig mit Sport. Passiv. Deswegen werden aber nicht automatisch immer mehr selbst sportlich aktiv. Im Gegenteil. Sport – das sind oft die anderen. Das sind die Asse in den Medien, die Top-Athleten, die Akrobaten. Und deren Top-Leistungen verführen nicht zu eigenem Tun, sie schrecken eher ab, weil sie von dir und mir nie im Leben zu erreichen sind.

Beim Laufen ist das anders. Jeder kann laufen. Jeder kann Schritt für Schritt zum zweiten Mal das Laufen lernen und dann enorm vom Laufen profitieren. Erst kommt das Gehen, das Wandern, dann das schnelle Gehen. Dann kommt das Jogging für Fitness und Gesundheit. Dann setzt sich ein Läufer Ziele fürs Training und im Wettkampf. Und schließlich kommt das Laufen um seiner selbst willen. So sieht Professor Weber die Stufen des Laufens. Mit Laufen muß jeder seine eigenen Erfahrungen machen. Nur dann kann ich erfahren, was Laufen in meinem Leben alles bewirkt.

»Es sind die kleinen Erfolge, an denen man groß wird.«

Er selbst ist das beste Beispiel. Als Professor Weber vor gut 25 Jahren anfing zu laufen, wollte er zunächst nur seinem Bedürfnis nachgehen, mal für kurze Zeit aus seiner sitzenden Lebensweise auszubrechen. »Es befriedigte mich tief, wenn ich mich eine halbe Stunde oder länger intensiv bewegen konnte, richtig ins Schwitzen kam.« Anfangs lief er also nur aus Vernunftgründen. Sein Verstand sagte: »Du solltest etwas mehr für deinen Körper tun!«

Aber bald wurde seine Motivation aus einer anderen Quelle gespeist. Denn er erlebte, daß die Belohnung in der Tätigkeit des Laufens selbst liegt. »Das Arbeiten mit dem Körper tat mir gut. Ich spürte die frische Luft; die vermehrte Sauerstoffaufnahme löste Verengungen und gab mir ein Gefühl neuer Freiheit. Meine körperliche Leistungsfähigkeit verbesserte sich rasch, bald konnte ich locker und mühelos eine Stunde ununterbrochen laufen. Laufen befreite aber auch meinen Kopf, meine Gedanken, meine Gefühle. Beim Laufen kamen mir gute Ideen zugeflogen. Und eine persönlich besonders wichtige Erfahrung war, daß ich mich seelisch ausgeglichener fühlte als früher. Ärger und Enttäuschung, Hektik, Streß, Zeitdruck, Ermüdung und schwindender Elan – mit Situationen dieser Art konnte ich nun viel besser umgehen.«

Er erfand für sich eine Mischung aus langsamem Laufen und Entspannung. Sein Training lief so ab: Nach ein paar Runden in sehr langsamem Tempo setzte er sich auf einen Felsen, stützte die Ellenbogen auf die Knie, neigte den Oberkörper nach vorne, ließ den Kopf hängen, schloß die Augen – und atmete in tiefen Zügen ruhig ein und aus. Dabei versuchte er sich total zu entspannen.

»Ich atme ruhig aus und wieder ein.« Diesen Satz wiederholte er etliche Male. Fünf bis zehn Minuten verharrte er in dieser Position.

Er meditierte. Anschließend ein paar Dehn- und Streckübungen, dann lief er langsam weiter.

»Ich fühlte mich entspannt, körperlich und geistig merklich frischer als vorher. Mein Denken war sehr klar. Die Stimmung ausgeglichen, harmonisch.«

Seine private Sensation. Was er an sich erlebte, wollte er natürlich methodisch untermauern. Er suchte per Anzeige »Nur-Hausfrauen« für eine wissenschaftliche Lauf-Untersuchung, die als Paderborner Laufstudie bekannt wurde. Es meldeten sich über 160 Frauen zwischen 28 und 69 Jahren. Das Los bestimmte 34 Nichtläuferinnen. Die liefen fortan regelmäßig unter Webers Anleitung, und zwar an drei Vormittagen, ein Vierteljahr lang. In der ersten Woche liefen die Damen nur eine Minute, gingen dann zwei, liefen wieder eine Minute, gingen zwei – und wiederholten dieses Spielchen siebenmal. In der zweiten Woche wechselten sich eine Minute Laufen und eine Minute Gehen ab. Mit jeder Woche nahmen die Lauf-Minuten zu, bis die Paderborner Hausfrauen in der zwölften Woche leicht eine halbe Stunde am Stück schafften. Sie und später noch viele weitere Probanden wurden also wissenschaftlich begleitet, vermessen und befragt, um zu beweisen, wie tiefgreifend Körper und Seele durch regelmäßiges Laufen beeinflußt werden.

Und wie? Die Latte ist lang. Laufen verbessert die Herz- und Kreislaufleistung. Laufen beeinflußt den Blutdruck günstig, senkt den Cholesterinspiegel im Blut, erleichtert die Gewichtskontrolle, regt den Stoffwechsel an, verbessert die Darmfunktion, stärkt die Knochen, Muskeln, Sehnen und Bänder, beeinflußt günstig verschiedene Streßsymptome und Risikofaktoren (zum Beispiel Rauchen). Die Lebenserwartung von Läufern liegt um etwa zwei Jahre höher.

Und Laufen verbessert vor allem auch das seelische Wohlbefinden. Im Vergleich zu Nichtläufern sind Läufer(innen) weniger angespannt, seltener niedergeschlagen, erschöpft oder labil. Sie sind im ganzen robuster und widerstandsfähiger.

Aus guten Gründen rät der Laufprofessor: Wäre gut, wenn wir alle wieder Lauftiere werden würden.

Der Kilometerfresser

Wir waren ein ziemlich großer Pulk, immerhin 14458 Athleten, die 1983 beim New York Marathon bis ins Ziel durchhielten. Es war noch in Queens, als mir die hagere Gestalt und seine gnadenlose Art zu laufen auffiel. Seine Arme bewegten sich regelmäßig wie Kolben, seine Augen verrieten keine Gefühle, weder Euphorie noch besondere Anstrengung. Sein Körper wirkte auf mich wie eine gut geölte Laufmaschine, die ökonomisch, sparsam, zuverlässig funktionierte. Er schien für die Vorwärtsbewegung kaum Kraft aufwenden zu müssen.

Plötzlich nestelte er an seinem Hüft-Täschchen, kramte ein kleines Diktiergerät hervor und sprach drauflos. Seine keuchenden Worte sind mir in Erinnerung geblieben, weil ich in dieser Situation ganz andere, ganz besondere Gedanken erwartet hätte. Aber dieser Horst Preisler aus Hamburg vertraute seinem Tonband nur nüchterne Fakten an: »Einsachtunddreißigkommaneunzehn für Halbzeit. Ich sehe Manhattans Wolkenkratzer, die Skyline.«

Am nächsten Morgen sah ich ihn wieder. Allen aus unserer Reisegruppe steckten die Spuren des Abenteu-

ers Marathon spürbar in den Gliedern. Am meisten schmerzte der Quadrizeps, der vierköpfige Oberschenkelmuskel. Eigentlich schmerzte fast alles. Die Flexoren, also die Beugemuskel am Knie, die Achillessehne. Gar nicht zu reden von den Zehen und den Füßen und den Waden. Die Arme waren müde, Schultern und Nacken verspannt. Wie die meisten spürte Albert, der in Schramberg im Schwarzwald ein Tapetengeschäft führte, auf besonders schmerzliche Weise seinen Gluteus maximus (Gesäßmuskel) und fluchte beim Treppensteigen. Ich verstand Albert, ich litt wie Albert.

Nur diesem Horst Preisler war nichts anzumerken. Er hockte in der Hotellobby und protokollierte das Skelett der vermeintlichen Strapaze vom Tonband in eine Kladde. Ein Klacks für ihn, der Marathon, sagte er. »Ich bin Ultraläufer.« Seither läuft mir dieser hagere Hanseat immer wieder über den Weg, gewissermaßen. Eine Lauftype. Eine skurrile Berühmtheit, jedenfalls in Läuferkreisen. Ein gnadenloser Kilometerfresser. Sogar der ›Spiegel‹ hat schon über ihn berichtet und die ›Zeit‹. Und im Fachmagazin ›Spiridon‹ durfte er regelmäßig die Etappen seiner weltumspannenden Laufsucht ungefiltert beschreiben. Seine Erfahrungsberichte waren sicher gut gemeint, aber sie gerieten meist nur zu quälend langweiliger Laufprosa.

Der deutsche Lauf-Beamte – so wurde Horst Preisler,

der als Personalchef an einem Krankenhaus arbeitet, zutreffend charakterisiert. Nein, das Gefühl des Loslassens beim Laufen, den Zustand des Schwebens kennt er nicht. »Mir ist es nie gelungen, mich in einen Rausch zu steigern«, klagte er einmal in einem Interview. Er läuft und läuft und läuft, weil es Rekordmarken sind, denen er hinterherläuft. Manchmal läuft er in einem Monat neun Marathons, manchmal drei an einem Wochenende, wenn es sich irgendwie organisieren läßt.

Lange ist Preisler einem Traumrekord hinterhergelaufen. Die Bestmarke der Lauflegende Sy Mah, einem amerikanischen Universitätsprofessor, stand auf 524 Marathons (einschließlich Ultras). »Das Schicksal hat es Sy Mah verwehrt, in dem geschilderten Sinne weiterzuwirken und seine Traumzahl zu erhöhen. Ende 1988 erlag er einem tückischen Leiden.« (O-Ton Preisler in ›Spiridon‹).

Danach war der Amerikaner Frank Norm das Maß aller Dinge. Am 1. Mai 1984 überholte er Sy Mah: Das war Norms Marathon Nummer 525 in Buffalo. Horst Preisler krebste zu der Zeit noch unter 500 herum. Aber am 3. Juli machte er in Nanisivik, »hoch im kanadischen Norden«, die magischen 500 voll. »Dies ist der Auftakt zu dem persönlichen Duell mit Frank Norm«, schrieb sich Preisler in ›Spiridon‹ die Situation von der Seele. »Plötzlich sieht man eine imaginäre Rangliste

vor sich und ist mittendrin im Strudel. Berührt davon oder nicht, so etwas hat seinen Reiz, und solange dies nicht in persönliche Häßlichkeiten mündet, solange dies eine Nebensache bleibt und nicht zum zentralen Punkt des Laufens wird und damit von den Grundfreuden ablenkt, solange dies nicht so bierernst genommen wird – wer will etwas dagegen sagen?«

Inzwischen liegt Horst Preisler bei seinem Ausdauer-Duell mit Frank Norm längst in Führung. Seine Leistung wird nun offiziell im ›Guiness Buch der Rekorde‹ gewürdigt, mit fünf Zeilen: »Die meisten Rennen über die Marathon- oder eine längere Distanz bestritt der Deutsche Horst Preisler, der zwischen 1974 und dem 29. Mai 1996 insgesamt 631 Läufe absolvierte.« Fünf Zeilen für eine Lauf-Leistung, die umgerechnet so weit ist wie die Strecke dreimal um die Erde.

Wenn Preisler genauso lange durchhält wie Dimitrion Yordanis, dann schafft er womöglich noch die Distanz bis zum Mars. Der Grieche Yordanis lief noch im Alter von 98 Jahren einen Marathon (in 7:33 Stunden).

Im ›Guiness Buch der Rekorde‹ sind übrigens noch andere Laufhelden verewigt. John A. Kelley zum Beispiel, Jahrgang 1907. Der machte beim renommierten Boston-Marathon insgesamt 61 Mal mit. Zweimal (1933 und 1945) gewann er sogar. Oder Stefan Schlett aus Kleinostheim (Hessen). Der lief mitten in der Karibik, zwischen St. Thomas und Puerto Rico, einen Marathon – an Bord des Kreuzfahrtschiffes Meridian. Oder der Franzose Henri Girault. Der schaffte zwischen 1979 und Juni 1996 immerhin 330 Rennen über 100 Kilometer und war dabei auf jedem Kontinent der Erde unterwegs. Außer der Antarktis. Der Amerikaner Timothy Badyna steht mit einer Marathon-Bestzeit von 3:53 Stunden zu Buche. Eine eher mittelmäßige Zeit. Allerdings ist er die ganze Strecke im Rückswärtsgang gelaufen.

Auf so eine verrückte Idee ist selbst Horst Preisler noch nicht gekommen.

»Du mußt durch die Hölle rennen«

Ein Gesicht lügt nicht. Ein Gesicht, heißt es, ist wie ein Protokoll von Charakter und Seelenlage. »Stimmt«, sagt Uta Pippig, »bei mir siehste alles.« Besonders, wenn es ihr »saudreckig geht«. Wenn Laufen längst kreischende Schmerzen erzeugt. Wenn die Beine bleiern scheinen, die Hüfte steif, wenn die Füße brennen und die Knie knarzen. Wenn der ganze Körper jammert und am liebsten in den Straßengraben sinken möchte. Wenn der tote Punkt gekommen ist.

Uta Pippig ist ein Siegertyp. Wie hoch der Preis des Siegens ist, kann jeder in ihrem Gesicht ablesen: Die jämmerliche Erschöpfung, die schmerzhaften Emotionen, der Kampf. Es ist kein Kampf gegen Gegnerinnen, es ist nur ein Kampf mit sich selbst, gegen die Versuchung nachzulassen. Und manchmal Kampf nur gegen die Uhr.

Und dann dieses totale Glücksgefühl. Ein magischer Moment. Die Augen geschlossen, den Mund weit aufgerissen, die rechte Faust himmelwärts gestreckt, mit einem Schrei der Erleichterung – so lief Uta durchs Ziel. Als Siegerin. Sie hat die bedeutendsten Marathons der Welt, die in Boston und New York, je dreimal gewonnen und auch den in Berlin schon dreimal. Sie lief die drittschnellste Zeit in der Geschichte des Frauen-Marathon, 2 Stunden, 21 Minuten, 45 Sekunden, zur Bestzeit fehlten bloß 39 Sekunden.

Was könnte das noch toppen? Vielleicht, wenn sie ein Baby zur Welt bringt. Vielleicht eine olympische Goldme-daille. Sicher, wenn sie die Marathon-Weltbestzeit (2:21,06 Stunden) unterbieten kann. Darauf ist ihr ganzes Leben abgestimmt.

Ein ganz normaler Trainingstag. Morgens um sieben fünf Kilometer, wie immer. »Lockeres Tempo«, zum Wachwerden. Vorher Stretching, zum Warmwerden. Hinterher wieder Stretching, zum Geschmeidigbleiben. Mittags Massage. Nachmittags wieder Stretching. Außer-dem steht ein 10-Kilometer-Lauf auf dem Trainingsplan. Abends drei Saunagänge. Und am Vormittag der dickste Trainingsbrocken: 25 Kilometer. Wenn's gut läuft, vielleicht sogar 30. Und zwar in 2600 Meter Höhe, hinauf bis über 3000 Meter.

Höhentraining. Die Sportwissenschaft hat schon vor Jahren nachgewiesen, wie sich die Leistung durch Höhentraining (mindestens drei Wochen müssen es sein) verbessert. Erstens nimmt die Zahl der roten Blutkörperchen (Hämoglobin), die für den Transport des Sauerstoffs verantwortlich sind, zu. Zweitens verbessert

sich die Lungenkapazität. Drittens bessert sich das Wohlbefinden bei Grenzbelastungen – keine Tempoangst mehr.

Wegen des Höhenklimas zog die Berlinerin Uta Pippig nach Boulder/Colorado. Dort lebt und trainiert sie die Hälfte des Jahres, am Fuße der Rocky Mountains. Boulder liegt so hoch wie St.Moritz. Gerade mal eine halbe Stunde von ihrem Haus, die Serpentinen des Indian Peak hinauf, öffnet sich ein Hochtal mit dem lieblichen Namen Magnolia. Das Tal des Schweißes und der Einsamkeit. Eine staubige Straße, die ständig ansteigt. Alle fünf Kilometer wird Dieter Hogen warten, ihr Trainer und Lebenspartner. Heute schließen sich vier Athleten aus Kenia an, Spitzenläufer. Uta läuft voraus, eine gute Minute. Nach wenigen Kilometern müßten die Schwarzen sie schlucken. Sie soll dann deren Tempo mitgehen – solange es geht.

Kilometer 12,5. Eigentlich der Wendepunkt. Uta läuft noch immer alleine. Es ist Februar, es ist kalt, dazu empfindlicher Wind. Es geht bergan. Sie läuft am Limit. Ihr Gesicht spricht Bände. Sie tut sich schwer, auch wenn ihr Schritt noch leicht wirkt.

»Wie geht's«, ruft Hogen.

»Es geht«, keucht sie.

»Leg fünf drauf«, ruft Hogen.

Also heute doch 30 Kilometer. Hogen fährt im Toyota

Pathfinder voraus, nimmt Zeiten, ruft Uta Vergleichsdaten zu (»fast eine drunter«) oder Ermunterungen. Irgendwann wird sie dann doch vom schwarzen Quartett geschluckt, hängt sich tapfer dran, fast sechs Kilometer lang. Ein Höllentempo, bergab. »Eine schöne Trainingseinheit«, freut sich Uta am Ende. Auch Hogen ist zufrieden. Uta mißt ihren Puls. Kurze Pause. Dann noch sechs Steigerungsläufe, jeweils 100 Meter Renntempo.

Daheim wird Uta Pippig das Pensum und ihr subjektives Gefühl (»heute sehr locker«) in ihrer Trainingskladde notieren. Diese Woche werden 260 Kilometer zusammenkommen.

»Es widerspricht der Würde der Frauen, wenn sie mit verkrampften Gesichtern und Gliedmaßen sportliche Rekorde sich aufzustellen bemühen und den Männern in den in Dezimalzahlen von Metern oder Minuten ausgedrückten Rekorden nachzueifern trachten. Für einen solchen Konkurrenzkampf sollten die Frauen zu stolz sein.« So wetterte noch 1956 der Frauenarzt Heinrich Martius (›Das kleine Frauenbuch‹). Langstreckenlauf galt als besonders schädlich und unweiblich.

Zum Schmunzeln, findet Uta Pippig. »Der Körper ist doch eine Wundermaschine«, sagt sie. »Enorm, wie sehr man ihn belasten kann – und wie wenig man eigentlich sein Potential ausschöpft.« Vielleicht zu einem Viertel. Sie darf sich als Spezialistin für ihren

Körper betrachten. Ihr Medizinstudium ist fast abgeschlossen.

Wie sie ihre Reserven ausreizen will? Natürlich, wichtigstes Fundament für Spitzenleistungen ist intensives, kontrolliertes Training. Logisch, auch die Ernährung muß abgestimmt sein. Sie frühstückt normal. Brötchen, Marmelade, Käse, Kaffee. Vor Belastungen Bananen. Viel trinken, vier Liter Mineralgetränk täglich. Viel Reis und Fisch. Auch Bohnen und Bambussprossen. Kein Fleisch, außer Hühnchenbrust. Nachmittags belohnt sich Uta Pippig gerne mal mit Kuchen.

Da mümmelt und lümmelt sie also auf der Couch, während sie mit Lebenspartner Dieter Trainingsdetails beredet. Entspannte Atmosphäre. Sanfte Musik. Sie weiß, wenn sie sich noch steigern will, muß sie »nervlich fitter« werden. Deshalb sind ihr Harmonie und seelische Balance so wichtig. Hogen hält ihr allen Alltagskram vom Leib. Nie geht sie ans Telefon. Sie probiert autogenes Training. Nach dem Lunch setzt sie sich »innerlich zur Ruhe«. Will heißen: Ab ins Bett.

»Das Umfeld muß stimmen«, sagt Uta. Hier in Boulder stimmt es. Die Bekannten: allesamt Athleten, die sich austauschen. Die Zeitungen honorieren Leistung. Nach ihrem ersten Sieg in New York bejubelten sie Utas »mutiges Hitzerennen«. Mit ihrem Siegerlächeln und

Kußhändchen auf den letzten Metern hatte sie sich in die Herzen der Amerikaner gelaufen. Daheim in Deutschland, klagt sie, sei fast nur von der 100 000-Dollar-Prämie die Rede gewesen.

Hier bewohnt sie ein großes Haus. Im Keller ein eigener Fitneßraum mit allen Schikanen, inklusive Sauna. Alles erlaufen. Ein Millionen-Märchen hat sich erfüllt. Als Utas Eltern, beide Ärzte, zum ersten Mal zu Besuch waren, »staunten die wie die Wundertöpfe, was wir uns hier geschaffen haben«, sagt sie stolz. Ausgerechnet mit Marathon, dieser Disziplin, die für Frauen mal so attraktiv war wie ein Mauerblümchen.

Uta Pippig turnte als Kind, spielte Fußball, Handball, kam zum Siebenkampf. Am meisten Spaß aber machte Laufen. Mit vierzehn, fünfzehn erste Erfolge im Crosslauf. Sie wollte zum renommierten Ostberliner TSC. Doch die lehnten ab. Begründung: zu klein, keine Perspektive. So landete sie beim ASK Potsdam, in der Marathongruppe. Der erste Erfolg 1984, ausgerechnet, als die DDR die Olympischen Spiele in Los Angeles boykottieren mußte. Für die DDR-Athleten gab es immerhin Ersatz-Olympia, für die Marathonläufer in Wuhlheide. »Weeste wat, da machste mit«, meinte ihr Trainer. Am Start: zwölf Frauen. Die 18jährige Uta Pippig rannte in ihren Zeha-Schuhen beachtliche 2:47,43 Stunden. Die Folge davon: Sie wurde in den Kaderkreis

delegiert. Und die Folge davon: Sie bekam Adidas-Schuhe. Das Paar, lange ihr einziges, strapazierte sie sechs Jahre lang.

Ein neuer Mann brachte Methode in ihr Marathonleben. Dieter Hogen wurde 1986 ihr Trainer – und Freund. Er ließ sie nicht nur Kilometer bolzen, sondern forcierte kürzere Distanzen in schnellerem Tempo. Prompt wurde Uta Pippig DDR-Meisterin und verbesserte sich um satte sieben Minuten.

Ein großer Leistungssprung. Doch im Sportsystem der DDR wurde mit allen Mitteln versucht, noch mehr Leistung rauszukitzeln. Das Zauberwort hieß KLD. Komplexe Leistungsdiagnostik. Laufend Belastungstests, Blutabnahmen, Laktatmessungen. »Was haben wir geknüppelt«, sagt Uta. Die Balance zwischen Belastung und Erholung stimmte nie. Höhentraining in Äthiopien, Bulgarien oder in der Unterdruckkammer Kienbaum. Viele »Testsubstanzen«, die den Athleten verabreicht wurden, sicher auch Anabolika, Blutdoping. »Von dem ganzen Wissenschaftskram habe ich total die Schnauze voll«, sagt Uta heute. Und: »Ich nehme absolut kein Zeug – darauf bin ich stolz.«

Die Wende – für Uta Pippig und Dieter Hogen wurde sie das wirklich. Er hätte sein Leben lang nicht ausreisen dürfen. Ihr waren sämtliche Wettkämpfe vorgeschrieben. Beide fühlten sich drangsaliert. Am Tag, als sich die Mauer öffnete, machten beide rüber. Im Trabi, mit drei Koffern, zu Verwandten nach Stuttgart.

Ein ganz bescheidener Neuanfang. Ein kleines Zimmer für zwei. Matratze auf dem Boden. Alle 14 Tage 279 Mark vom Sozialamt. In der ersten Zeit, sagt Uta, hätte sie viel geflennt. Aber sie wollte sich – wie bei einem Marathon – durchbeißen. Sie trainierte täglich zweimal. Die Basis für gute Wettkämpfe. Und tatsächlich: Während viele Ex-DDR-Athleten nach der Wende deutlich abbauten, machte Uta Pippig wiederum einen Leistungssprung. Im Jahr 1 sieben Minuten schneller. Die Freiheit, sagt sie, hätte sie so beflügelt: »Weil ich jetzt für mich laufe, für mein eigenes Geld, für meine Zukunft.«

Erst fehlten noch fünf Minuten, jetzt nur noch 39 Sekunden bis zur Weltbestzeit. Das sind Welten in der Marathonszene. Aber die Neue Welt, dieses Leben in Colorado/USA, stimuliert ungeheuer. Nie hatte sie soviel Lust zum Laufen, ja sogar Lust, sich zu quälen für das große Ziel.

Manchmal, beim Training, wenn die Natur explodiert, bei Trails durch den Wald oder wenn es so wunderbar läuft wie mit den Kenianern, dann erlebt Uta dieses Phänomen der vermehrten Ausschüttung von Hormonen, die unter dem Wundernamen Endorphine bekannt sind. Laufrausch.

Den Lauf ihres Lebens hat Uta Pippig schon unzählige Male absolviert – im Traum und in Gedanken, wenn sie tausende von Trainingskilometern lief. Der Countdown vor dem Rennen. Wochenlang konnte sich der Körper an die Belastung herantasten. 14 Tage vor einem Start eine harte Probe. Zweimal 35 Kilometer und ein 15-Kilometer-Lauf in Wettkampftempo. Fünf Tage vor dem Start schaufelt sie massenhaft Kohlehydrate.

Den Tag vor dem Rennen bleibt sie einsam für sich. Morgens locker zehn Kilometer, Puls 106. Ihr Ruhepuls beträgt 45 Schläge pro Minute. Nachmittags läuft sie noch zweimal Trails. Abends viel Reis und Spaghetti ohne Soße, um den Magen zu schonen. Spätestens um 22 Uhr ins Bett. Als Betthupferl eine Tüte Gummibärchen. »Dann«, sagt Uta Pippig, »bin ich richtig heiß.«

Der Renntag. Vier Stunden vor dem Start ein Brötchen, Schwarztee, später noch Zwieback und eine Banane. Ein halbe Stunde vor dem Start Einlaufen. Stretching. Gymnastik. Und romantische Musik aus dem Walkman. »Dann ist die Lust da.«

Das Rennen. Die ersten 20 Kilometer mitrollen. Kraft sparen. Möglichst im Windschatten laufen. Hogen arbeitete mit ihr an einem ökonomischeren Laufstil. Sie »trampelte« zu sehr, war mit den Beinen zu sehr vor dem Körper. Jetzt trifft sie den Schwerpunkt besser. Sie atmet auch ruhiger. Mit hektischem Hecheln kann man bis zu 25 Prozent der Energie verballern, ergaben Untersuchungen.

Der Marathon beginnt eigentlich erst ab Kilometer 30. Wenn es zum toten Punkt kommt. Wenn die Energiedepots im Körper erschöpft sind. Wenn der Körper an seine Fettreserven ran muß. Wenn die Körperfunktionen überfordert sind. Wenn es für Psyche und Physis höllisch wird.

Jetzt hilft nur noch Härte, Herz und mentale Stärke. Bei ihren Siegen in New York und Boston 1994, sagt Uta Pippig, hätte sie sich endlich clever verhalten. Sie dachte nicht an den langen Weg bis ins Ziel, der noch vor ihr lag. Das hätte ihre Moral zerstört. Sie dachte nur von Schritt zu Schritt, von Meile zu Meile, von Brücke zu Brücke.

Sie dachte auch nicht mehr an die Gegnerinnen. Gut, die hatte sie die ganze Zeit im Auge. Aber sie ließ sich auf keine taktischen Geplänkel ein, Ausreißversuche wollte sie nicht mitmachen. Sie lief ihr eigenes Rennen. »Nicht verrückt machen lassen«, ihr Motto. Auch wenn der Marathon zum Verrücktwerden war. Diese Anstiege. Dieser Wind. Diese Hitze. Sie hat sich fast die Seele aus dem Leib gerannt. Sie hat keinen Meter, keine Sekunde verschenkt.

Himmel, sie hat die Hölle erlebt. Da muß sie wieder durch, wenn sie wirklich noch das erreichen will, was

noch keine Frau vor ihr geschafft hat: einen Marathon unter 2:20 zu laufen.

Uta Pippig sagt: »Ich will zeigen, wie schön Marathon ist. Ich bin die Gegenspielerin zu allen, die Marathon schlecht finden, also Psychologen oder Physiologen. Ich mache den Marathon schön für mich und für andere – dazu bin ich da.«

Nein, Uta Pippig ist keine Träumerin.

Der Lauf-Dichter

Der Zufall plazierte uns in eine Reihe. Günter Herburger saß am Fenster, ich neben ihm am Gang. Wir flogen nach Berlin. Wir waren beide beim Marathon angemeldet. Klar, ich kannte Herburger, diesen wahrlich skurrilen Schriftsteller. Von Fotos kannte ich ihn und Bücher hatte ich auch schon von ihm gelesen. Zuletzt einen Lauftext in einer Wochenzeitung. Da schrieb er über seinen New York Marathon und das Finale las sich so: »Durch den verdüstert triefenden Park mit seinen verschlungenen Pfaden zog, zurückgekehrt aus seiner Alexanderschlacht, ein knisternd müder Heerbann, über dem das Gleißen der dünnen Silbermäntel als Widerschein lag, während das leise, wollüstige Jammern der Erschöpften klang.« Als Schlußakkord hatte Herburger eine nackte Zahl gesetzt: 3:21,07. Seine Zeit.

Herburger hatte eine ansteckende Begeisterungsfähigkeit. Er erzählte anschaulich von seinen Abenteuern und machte sie sinnlich faßbar. Er sprach zum Beispiel vom Elend des Englischen Gartens, seinem vertrauten Trainingsrevier in München. Und wie sich der Park während eines Marathons für ihn sonderbar wandelte. Zum Englischen Friedhof. »Alle seine Narben,

Hebungen und Senkungen wurden nun äußerst drohend. In den dünnen Ausverkaufsschuhen war mein Mittelfußknochen nahe einem Trümmerbruch.«

Seine Sätze, die er schreibt, sind häufig verstrickt. Und die Episoden, die er beschreibt, seine Beobachtungen beim Laufen sind wundersam, oftmals auch wunderlich verästelt. Er kommt vom Hölzchen aufs Stöckchen. Abrupt, ausschweifend, ausführlich, grotesk ausführlich in seinen Details – das ist sein Stil. Und das liest sich dann so: »Die Schwere eines Marathonläufers ließe sich mit dem vorzüglich trainierten Bestreben eines magnetischen Monopols vergleichen, der bisher nur mathematisch, nicht physikalisch nachgewiesen wurde. Der Eilende verschachtelt sich, wenn auch immer wieder von Reibungspartikeln und Profilmechanik gebremst, zunehmend in sich selbst, wird zu einem dreidimensionalen Bild und gewahrt, trotz nagendem Verfall, doch schaukelnd im Stromtal der Erinnerungen, die Stärke radiolarer Tätigkeit, als vermöchte er, den butterweich gewordenen Erdball zu durchschlagen, was dem Monopol hemmungslos gelingt.«

Reflexionen während eines Marathons, den er übrigens, da hat Herburger eine ganz irdische Mitteilungsfreude, in 3:13, 25 beendete. »Das Gerenne wird zur Abstraktion, und in Form von Verlustzuweisungen behütet sich gegenseitig Vision und Wirklichkeit. Später tritt dann Depression ein, Loslösung.« Dieser Text ist ›Lissabon‹ überschrieben. Er steht in einem Buch mit dem programmatischen Titel ›Lauf und Wahn‹. Ein paar Jahre später veröffentlichte der Extremläufer Herburger »Traum und Bahn«, die Fortsetzung seiner nie abreißenden Auseinandersetzung mit dem kleinen Kosmos des eigenen Körpers und dem der großen Welt.

Bei langen Läufen, wenn man unweigerlich auch über die Sinnhaftigkeit des Laufens nachzudenken und zu sprechen beginnt, habe ich ein ums andere Mal von Herburgers Büchern erzählt. Vermutlich schwärmte ich meinen Mitläufern dann von der ungewöhnlich monströsen Schreibwucht des Schriftstellers vor. Einige haben daraufhin seine Bücher gekauft und gelesen. Manche deuteten nach der Lektüre an, sie seien irritiert, ratlos. Andere waren verwirrt, weil sie nicht einschätzen konnten, ob dieser wortgewaltige Lauf-Dichter ein genialer Spinner oder ein spinnertes Genie ist.

Schreiben ist schwere Arbeit, anstrengende Kopfarbeit. Aber nicht nur. Schreiben erschöpft auch körperlich. Das gilt für Günter Herburger noch ein bißchen mehr als für andere. Herburger gestattet sich keine leichten Ergüsse. Sein literarisches Vorbild war der frühe Arno Schmidt mit ›Zettels Traum‹ und dessen fanatischer, praller Detailrealismus. Auch Herburger beackert steiniges Feld mit altem Gerät. Er ertrotzt, erkämpft Worte, Sätze, Absätze, Seiten.

Herburger quälte sich jahrelang mit seiner ›Thuja-Trilogie‹, die das Deutschland der siebziger Jahre reflektiert. In dieser Zeit entdeckte er das Laufen als geistigen Auslauf, Laufen als erholsames Mittel zum Zweck, Laufen als Selbstbefreiung. Er erlebte, wie er seinen selbstgezeugten Depressionen einfach davonlaufen konnte. »Laufen ist eine Mischung aus Körper und Geist. Laufen ist gleichzeitig Glück und Pein.«

Laufen. In sich hineinlaufen. Weglaufen, um zu sich selbst zu finden. »Wie viele rennen davon, wer zu sich zurück? Eine Frage der Statistik, bisher unbeantwortet. Wird es eines Tages laufende Therapeuten als Encounter-Personal mit umgeschnallten Strichlisten geben?

Vorstellbar, daß die verflüssigte Motorik oder Begeisterung, nur noch wenig von Skepsis oder Langeweile unterbrochen, auch zu galoppierender Dummheit führt. Die körperventilierende Sucht platzt auf, und eine Art Verteilung entsteht, vergleichbar den Hauptsätzen der Thermodynamik. Doch diese Spekulation wird nicht erlaufen, am Schreibtisch, auf dem müde der Kopf ruht, wird über sie phantasiert.«

Er war schon über fünfzig, als er mit intensivem Training begann. »Gelaufen bin ich schon immer«, sagte er, »so durch die Gegend geschnürt.« Er lief im Urlaub an der Küste, erschloß fremde Städte zu Fuß. Das Buch

›Die Einsamkeit des Langstreckenläufers‹ von seinem Kollegen Allan Sillitoe hinterließ tiefen Eindruck.

Beim Laufen entdeckte und kultivierte Günter Herburger seine Fähigkeiten als Schwamm. Er konnte tausendundeine Idee, Eindrücke, Erfahrungen einsaugen, speichern und Tropfen für Tropfen wieder ablassen, in veredelter Form. So wurde er weltenbummelnder Marathonläufer. Moskau, Mount Cameron, Nanisivik, New York, Rom, Kairo, Helsinki. »Es ging mir gut: Atem mäßig, Schenkel ohne Arg, Knie trocken und verstummt, Seele, Herz und Magen wie ausgewandert, da sie im Schrittmaß, das ich bestimmte, folgsam mitpendelten.«

Die Einfachheit des Marathonläufers. »Marathonlaufen war für mich als Marathon-Schreiber gar nicht schwer«, sagte Herburger nach seinem ersten Marathon, »es ist durchaus ähnlich. Er war meine Wiederentdeckung des Körpers.«

Laufen als fester Teil seiner Arbeit. Frühmorgens dreht er von Schwabing aus seine Runde durch die Stadt. Mal Richtung Olympiagelände mit seinen Schuttbergen, mal die »hochmütige Hauptstraße hinunter und dann hinein in den Englischen Friedhof«, mal eine, mal drei Stunden. »Die Sinne sind beim Laufen geschärft. Man riecht, hört, sieht mehr als andere Menschen«, sagt Herburger. »Wie riecht der Asphalt von München? Kei-

men in den Waden Krämpfe? Wie redet die Natur?« Und manchmal sind seine Wahrnehmungen auch ganz profan: »Unter dem Herbstlaub lag Hundekacke«, notiert der Dichter auch schon mal.

Meistens aber läuft das nicht so banal, wenn Günter Herburger schreibt. Noch eine Textprobe gefällig? »Abflachende Begeisterung gleich Blöden in den Socken gemäß Ebenen. Vernabelt mitunter Lesung medizinischer Bücher, welche Gebrechen einem meines Alters hinterher gediehen. Astrophages zwischen den Zehen, wuchernd; Bänder ausgeleiert, doch wieder annähbar; mürbe Kugelgelenke durch Manganknollen aus der Tiefsee; entsetzliche Mikrorisse in Fibrillen gebärden sich ähnlich Wellen oder aber wie Korpuskeln, siehe Theorie des Lichts; vergrößertes Herz zu den Schlüsselbeinen, früher ein Todesurteil; Gelenkfersen, Knöchelstau, Milzödeme; und eine vom Mittelstand herrührende Devise: Leistung als kleinbürgerliches Streben verpönt. Was in meinem Fall stimmt, da ich in der Frühe von der Strecke naßgeschwitzt zurückkomme, die Welt, die ich böse und genügend krank am Schreibtisch zu erobern trachte, bereits durchmessen habe.« So also schreibt er, der Günter Herburger.

Auf dem Flug nach Berlin erzählte er zum Beispiel von seinem Lauf um den See Genezareth und wie die jordanischen Frühkartoffeln zu Weihnachten schmeckten, die er im Sack aus Jerusalem heimbrachte. Frische Kartoffeln. Frische Eindrücke. Erfrischend, diese Begegnung.

Am anderen Abend, nach dem Rennen, sahen wir uns auf dem Flughafen Tempelhof wieder. Herburger sagte zur Begrüßung: »Wie ist es gelaufen?«

»Prima«, antwortete ich und fragte, wie es denn bei ihm gelaufen sei.

Er lächelte, ganz irdisch. »Dreinullneun«, sagte er.

»Dreidreiundzwanzig« antwortete ich. Und wir verstanden einander in diesem Augenblick.

Meine zehn Kilometer mit Margarethe

Vorneweg fuhr ein Bodyguard. Er mußte heute nur mäßig strampeln. Es war ein heißer Sommermorgen in Knokke. Wir liefen die ganze Zeit in angenehmem Noch-reden-können-Tempo, Margarethe und ich. Durch das Fernsehen wirken die meisten Stars größer, als sie im wirklichen Leben sind. Aber Margarethe Schreinemakers war genauso wie in ihrer Sendung, hellwach, verbindlich und kein bißchen kapriziös. Nur: ihre Beine waren kürzer.

Das fiel mir auf, als sie zwischendurch mal ein bißchen spurtete. Für kurze Momente stockte ihr Redefluß, alle Energie schien in ihre Arme und vor allem in die kurzen Beine umgeleitet. Mit ihren Armen machte Margarethe Dampf und die Frequenz ihrer Schritte forderte mich, aber auch ihren professionellen Begleiter auf dem Fahrrad.

Wir liefen gerade durch eine schattige Allee, vorbei an schönen Villen. Schön hier, ne, sagte Margarethe. O ja, das alte Seebad Knokke in der belgischen Provinz Westflandern zeigte sich an diesem Morgen in seiner ganzen Pracht. Es war ruhig, die Luft wie Samt, und es duftete nach Rosen und frischem Kaffee. Weit und breit keine Feriengäste und Touristen. Die schoben gerade über die Promenade zum Strand, ein paar Minuten von hier.

Knokke lockte, wie jeden Sommer, tausende. Und wie jeden Sommer hatte sich auch Margarethe Schreinemakers für ein paar sorglose Wochen wieder in ihrem kleinen Kuschelhotel einquartiert. O ja, es ging ihr gut. Vor vier Monaten hatte sie Kristoph, ihren zweiten Sohn, auf die Welt gebracht. Die Babypause war fast vorbei.

Seit Wochen brachte sie sich mit großer Hingabe wieder in Form. Jeden Morgen verschwand sie für 45 Minuten in einer der Hotelgaragen. Da standen ihre Fitneß-Geräte. Cybex-Crossrobics-Trainer, Fahrradergometer, Kanu-Ergometer, rote Gymnastikmatten – lauter solche Sachen. Einen ganzen Lastwagen voll hatte ihr Mann nach Knokke transportieren lassen.

Nicht immer hatte sie sich so um ihren Körper bemüht. Da waren auch ein paar laue Jahre, sie lebte drauflos, fitnessmäßig war nichts los. Aber da merkte sie: Das macht mich kaputt. Sie ißt nun mal gerne und kann nicht diäten. Gerade 48 Stunden, die sie bei einer Diät durchhielt, dann kamen die nächtlichen Freßattacken. Kuchen, Schokolade, gute Pralinen. Gönnt sie sich immer noch gerne. Aber was sind die süßen Kalorien schon gegen die konsequente Schreinemakersche Schweißtreiberei?

O ja, Deutschlands beliebteste Beichtmutter steckte voller Tatendrang und Angriffslust. Sie freute sich auf ihre Arbeit bei RTL. Noch gab es den »Fall Schreinemakers« nicht, keine bösen Schlagzeilen wegen ihrer Steueraffäre (»Gier«), kein Image-Tief (von der »Königin des Boulevards« zur »Heulsuse der Nation«), kein Quotensturz, keine Kündigung, keine Schadenfreude. Kein Scheitern. Noch lief alles rund im Leben von Margarethe Schreinemakers. Interviewtermin mit ›Fit for Fun‹. Ich lief eine ihrer morgendlichen Trainingseinheiten mit. Wir liefen rund 50 Minuten. Wir sprachen vor allem über Sport, Körperbewußtsein, Kondition – wie sie sich die für den wöchentlichen Talk-Marathon holt.

Sie wirkte sehr ausgeglichen. Das sagte ich ihr auch. Sie sagte: »Ich weiß, daß ich durch Sport mehr Sauerstoff ins Gehirn kriege und was sich im ganzen Körper abspielt, wenn der Energieumsatz steigt. Den Stoffwechsel beschleunigen, den ganzen Mist mal ausschwitzen – das ist prima. Ich schwitze unheimlich gern. Ich verstehe gar nicht, warum viele Frauen so ein gestörtes Verhältnis zum Schweiß haben. Na gut, es ist nicht so, daß ich es toll finde, wenn jemand wie ein Iltis stinkt. Aber beim Schwitzen habe ich immer das glückliche Gefühl: Der Dreck geht raus.«

Wenn das stimmt, waren wir heute morgen beide wie frisch gebadet. Puh, lief der, der Schweiß. Es lief prächtig mit Margarethe. Wir kamen natürlich schnell aufs Thema Laufen. Sie erzählte, daß auch sie Laufen als etwas total Meditatives erlebe. Yogasitz und eine Stunde gen Osten schauen, nein, das sei nicht ihre Stärke. Aber beim Laufen, da fühle sie sich manchmal so leicht, so schwebend.

»Wenn du ein gemäßigtes Tempo gehst, und das über zwei Stunden. Dann kannst du wunderbar über das Leben nachdenken, alles ist ganz klar und ganz weit weg. Bergsteiger schwärmen, wenn sie ganz oben sind, immer davon, daß ihre Probleme da oben ganz klein sind. So ist das auch beim Laufen. Du läufst deinen Problemen weg, irgendwann kommst du nach Hause, dann warten die Probleme zwar wieder – aber du kommst als anderer Mensch nach Hause.«

Wie? »Als Mensch, der sich sein Essen verdient hat – das finde ich auch wichtig.«

Sport – und besonders Laufen – erklärte Margarethe Schreinemakers, »bringt mir ein unheimlich zufriedenes Gefühl – ich fühle mich wie Frieslands glückliche Kuh. Ich bin ausgeglichen, ich bin nicht reizbar, ich bin belastbar. Meine Sendung ist ja jedesmal ein Kraftakt: drei Stunden bei vierzig Grad im Studio, fünfzig Gäste. Allein die vielen Namen. Ich lese nix vom Teleprompter ab. Das heißt, da muß ich auch mental eine ziemlich lange Distanz hinlegen.«

Und Sport schafft dafür die Grundlage? »Davon bin ich überzeugt. Sport ist ein Schlüssel zum Erfolg. Und Sport ist ein Schlüssel fürs Leben.«

Was genau meint sie damit? »Also, jeder hat doch sicher so ein Motto. Ich auch. Eines lautet: Mit Angst bist du zweiter Sieger. Das hat viel mit Sport zu tun. Alles ist doch irgendwie Wettkampf. Auch eine Live-Sendung ist Wettkampf, ist Adrenalin, ist Angst. Du gehst aus der Tür raus, jetzt muß alles sitzen. Und wenn du keine Leistung bringst, wirst du kaputtgemacht.«

Ihre Begeisterung gehört auch dem Boxen. Warum? »Boxen hat was Symbolisches. Zwei Männer, und einer muß gewinnen. Da gibt es kein Wenn und Aber.«

Die Radfahrer bei der Tour de France bewundert sie am meisten. »Das fasziniert mich. Wenn ich mir vorstelle, zweihundert Kilometer am Tag und den Berg hoch fahren, ohne aus dem Sattel zu gehen – da sage ich: Donnerwetter. Radfahrer haben, finde ich, schöne Bodys. Auch Schwimmer haben tolle Figuren.«

Dann erzählt sie, wie sie zum Sport kam. »Als Kind gab es zu Hause nie Geld für teure Sportarten. Tennis zu spielen im Krefelder Hockey- und Tennisclub – das war für mich unerreichbar. Ich habe Tischtennis gespielt, ich bin geschwommen, also die preiswerten Sachen gemacht. Und ich war im Mädel-Turnverein, der kostete ja auch nichts. Bei diversen Schulmeisterschaften habe ich als Kunstturnerin ganz gut ausgesehen. Aber ich habe nie in Richtung Olympia geschielt. Turnen ist ein sehr verletzungsintensiver Sport. Ich hatte mehrere Knochenbrüche, und bis heute ist die Frage geblieben, was mich motiviert hat, nach den vielen Verletzungen immer weiter zu machen.

Ich bin eine Spezialistin für Knochenbrüche, Bänderrisse, Meniskus, Kreuzband – alles schon kaputt gewesen. Ich bin durchoperiert und von oben bis unten durchgegipst. Ich hatte ein gebrochenes Steißbein und gebrochene Zehen. Das war allerdings ein Unfall im Haushalt.« Sie sei einfach zu schnell, es gehe alles nur im fünften Gang. »Ich denke immer, mein Gott, ist die Menschheit langsam. Selbst wenn ich eine Treppe hochgehe, flitze ich. Ich behaupte, in meinem Leben, das hoffentlich nicht so kurz sein wird, bewältige ich die dreifache Strecke von anderen.«

Selbstüberschätzung? Oder Selbsteinschätzung, die sie durch den Sport gelernt haben will: »Wenn du regelmäßig bestimmte Strecken läufst, kannst du deine Form ehrlich einschätzen. Beim Sport lernst du auch, jeden ernst zu nehmen. Außerdem: Beim Sport muß man sich alles selbst erarbeiten.«

Zum Schluß drehte Margarethe Schreinemakers noch mal auf. Kurze Beine, langer Spurt. Sie lachte burschikos. Ob sie auch den Ehrgeiz habe, mal einen Marathon

zu laufen? Aber ja, sie wollte schon immer mal den New York Marathon machen und in einer Zeit unter vier Stunden ankommen. Weil sie es, wie alles, unbedingt schaffen will. »Wenn du dir ein Ziel setzt, wenn du sagst, das möchte ich packen, und du packst es dann auch, dann ist das sehr wichtig für dein Selbstwertgefühl. Ich bin sicher, wenn ich in New York ins Ziel komme, dann hänge ich die Urkunde bei uns zu Hause direkt in den Eingang. Da steht keine Goldene Kamera, kein Bambi. Nicht, daß mir diese Fernsehpreise nicht wichtig sind. Aber eine Marathonurkunde hätte für mich eine ganz besondere Bedeutung.«

Weil Marathonläufer die besseren Menschen sind?

»Nein, sie sind angenehme, liebevolle, sehr soziale Wesen, Einzelgänger im Rudel. Aber ich finde, sie haben zum Teil furchtbare Figuren. Manche sehen aus, als müßtest du ihnen erst mal sechs Stullen machen.«

Später gönnten wir uns ein schönes Stück Kuchen.

Die Mauer

Irgendwann ist die Angst doch da. Sie läuft von Anfang an mit, diese Angst vor Qualen, die du nicht kennst, nicht kennen kannst, diese Angst vor dem Aufgeben. Anfangs konntest du sie mühelos abhängen, weil es wunderbar lief. Du spürtest Kraft in deinem Körper, und die Kraft ließ lange nicht nach, und dieses Gefühl, so ausdauernd zu sein, verschaffte dir sinnliche Triumphe und gab zusätzliche Kraft.

Doch plötzlich holt dich die Angst ein, diese Angst vor der Mauer, vor dem Mann mit dem Hammer, vor irgendeinem Monster, von dem dir Erfahrene unisono erzählt hatten. Was sie schilderten, klang schaurig. Aber es war nicht zu fassen. Und deswegen schien es auch nicht so schlimm.

Jetzt war die Angst da. Sie war schlimmer als die Angst vor dem »ersten Mal«. Pein und peinliche Versagensangst waren damals auch im Spiel. Doch Neugierde und Begierde besiegten sie. Jetzt mußt du dich selbst besiegen. Viele waren bereits besiegt. Ich sah in verzweifelte Gesichter. Hohlwangig, leer, ausgebrannt hinkten, humpelten, torkelten, krochen Männer über

den Kies, mit stierem Blick und Beinen, die ihnen nicht mehr gehorchten. Waidwund lagen welche im Gras, auf dem Rücken, wie hilflose Käfer – Männer, die geschlagen waren, vom Mann mit dem Hammer. Sie waren an der Mauer gescheitert, diesem Monstrum, das so schwer zu fassen ist.

Georg ging gerade ein. Mit Georg hatte ich Hunderte von Kilometern hinter mir, gemeinsame Trainingsrunden. Jetzt liefen wir seit über zwei Stunden nebeneinander, heute, beim Marathon.

Wir waren ausgelassen gelaufen. Wir hatten über hagere Asketen gewitzelt und uns gefreut, wenn wir es wippen sahen, wenn Mädchen Mädchen waren, mit allen Attributen. Einmal hatten wir uns an einen blonden Pferdeschwanz gehängt, weil der zu einem Mädchen gehörte, die einen mehr als erfreulichen Anblick bot. Wir hätten sie längst überholen müssen, denn ihr Rhythmus war langsamer als unserer. Aber ohne daß Georg oder ich etwas sagten, hielten wir uns zurück, um diesen Po, ein Stück pralles Leben in seiner schönsten Form, betrachten zu können. Keiner von uns dachte in diesem Moment an den Mann mit dem Hammer, jedenfalls nicht an den, der dich deiner Kraft beraubt, der dich böse malträtiert.

Und jetzt hatte er gerade Georg erwischt. Georg ging ein. Erst wurde er stumm, dann bleich, dann hörte ich ein rauhes Rasseln seines Atems, sah seine bleischweren Beine, die aufgerissenen Augen, seinen demütigen Blick. Georg wirkte gespenstisch. In diesem Moment meldete sich die Angst als faßbare Größe und bekam schaurige Konturen.

»Los, lauf«, greinte Georg, »laß mich.« Ich blieb bei ihm, trabte neben ihm, ermunterte ihn. Er nahm mich kaum mehr wahr. Er war allein mit sich und dem Monster. Ich sah in seine Augen und da sah ich das Monster. Und da ahnte ich allmählich, was auch mir blühen könnte. Wie hart es wirklich werden würde, konnte ich nicht wissen.

Ich ließ Georg allein, weil er das so wollte. Und ich wollte ebenfalls alleine sein, wenn sich die Mauer vor mir türmte.

Es dauerte nicht lange, da war sie da. Jäh. Kein zaghaftes Drohen, das dem totalen Absturz vorangegangen war.

Oder doch? Doch, die Angst davor. Aber sonst hatte der Körper kaum Vorzeichen der Schwäche signalisiert. Die Wucht des Zusammenbruchs war schlimm, schlimmer als alle theoretischen Vorstellungen der verzweifelten Hilflosigkeit. Meine Beine waren ihres Schwunges beraubt. Bleiern, zentnerschwer schienen die Schenkel. Leise, nein, lautlos wurde der ganze Körper von kreischenden Schmerzen erfaßt und wußte sich nur mit kläglicher Jämmerlichkeit zu wehren.

Ich hechelte. Ich spürte meinen trockenen Hals und das Würgen. Die pelzige Zunge. Salziger Schweiß rann in die Augen. Meine Füße schienen am Boden zu kleben.

Und doch lief ich weiter. Schlapp-schlapp-schlapp. So ähnlich mußte meine Gangart klingen. Die innere Taktmelodie war dahin. Schlapp-schlapp-schlapp. Ich schleppte mich voran, mein Körper war weiterhin in Fahrt. Ich hatte sogar das matte Gefühl, daß die Geschwindigkeit meiner Schritte kaum geringer geworden war. Aber das stimmte natürlich nicht. Es ging nur mühsam dahin. Schlapp-schlapp-schlapp. Wie ein Fluß, der träge und modrig sein Brackwasser transportiert, so war mir zumute. Mutlos, marode, demütig, kleinmütig, müde.

Das war sie also, die Krise, die Mauer, das Monster. Es war eine melancholische Bekanntschaft, die ich da machte. In meinem Bauch spürte ich einen Knoten und in meinem Kopf absolute Leere. Der Wille war wie weggelaufen, die Willenskraft zusammengebrochen. Und doch lief ich Schritt für Schritt weiter, verzweifelt, stur, trotzig, und wie in Trance. Schlapp-schlapp-schlapp. Mein Körper rannte gegen die Mauer an, stieß schon dran, spürte instinktiv die Konturen der Mauer und machte schmerzliche Bekanntschaft mit der Härte. Aber irgendwie, irgendwo waren doch noch Reste von Hoffnung, daß sie zu überwinden sei, die Mauer.

Die Mauer, der Mann mit dem Hammer, dieses monströse Phänomen, das Tausende von Marathonläufern, aber auch Bergsteiger oder Bodybuilder herausfordern, um es zu besiegen, dieser tote Punkt reduziert sich in der Sprache der Sportmediziner auf den banalen »Zustand völliger Erschöpfung«.

Erschöpft sind vor allem die Energiedepots im Körper. Aber nicht nur die. Weil unser Körper ein komplizierter Komplex mehrerer Organsysteme ist, erschöpfen sich außer der Muskulatur auch der Kreislauf und das Atem- und Nervensystem, also auch die Psyche.

»Erschöpfung ist eine durch Tätigkeit hervorgerufene Funktionsminderung.« Noch so eine nüchterne Definition aus der Sportmedizin. Klingt ganz einfach. Tatsächlich aber ist die durch Tätigkeit hervorgerufene Funktionsminderung so kompliziert, daß sie hier vereinfacht wird, um sie zu verstehen.

Laufen ist nichts weiter als Arbeit. Für Arbeit ist Energie nötig. Energie entsteht durch Verbrennung. Für die Verbrennung wird Sauerstoff benötigt. Die Energieträger des Muskels sind das Adenosintriphosphat, kurz ATP, und Glykogen, also Kohlehydrate und Fette. Kohlehydrate liefern schnell abrufbare Energie. In der Muskulatur sind 200 bis 300 Gramm vorrätig, in der Leber rund 150 Gramm, was ingesamt etwa 1600 Kilokalorien erbringt, Brennstoff, der einem Läufer für rund 30 Kilometer reicht.

Danach sind die Depots leer, der Körper muß an seine Fettreserven. Um Fett in Energie zu verbrennen, ist 15 Prozent mehr Sauerstoff als bei Kohlehydraten nötig. Das Atemsystem muß nun also auf Hochtouren laufen. Man hechelt. Man merkt seine Beine: bleischwer. Das ist das Resultat der Glukose-Verbrennung. Hierbei entsteht nämlich Milchsäure, die die Muskelkontraktion hemmt. Mehr noch: Auch das sogenannte Ionen-Milieu im Zellinneren der übersäuer-ten Muskeln ist ebenfalls in Unordnung, der intrazelluläre Kaliumverlust beeinträchtigt zusätzlich die Muskelkontraktion.

Es kommt also ganz dicke – und alles auf einmal. Der Bewegungsapparat, das heißt Skelettmuskeln und Gelenke sind erschöpft, das Atemsystem ist überfordert und die Nervenzellen im Kopf sind blockiert – ein zentraler Ermüdungszustand ist erreicht, ein Schutzmechanismus gegen Überanstrengung. Die Koordination zwischen Muskelspiel und Nervensystem ist unsicher, die Aufmerksamkeit läßt nach, die Reaktionszeit ist größer und vor allem auch die Gleichgültigkeit. Jetzt ist der Moment gekommen, wo so viele aufgeben möchten – und viele tatsächlich auch aufgeben. Der Wille ist weg.

Der Wille ist eine Art Machtzentrum in der menschlichen Seele, das unglaubliche Tatkraft und Triebstärke freisetzen kann. Das Wesen des Willens wollen Dichter seit jeher in Worte fassen. William Shakespeare ist das vor 400 Jahren trefflich gelungen. Feinsinnig formulierte er: »Unser Körper ist ein Garten und unser Wille der Gärtner.« Willig legte Schiller seinem Wallenstein folgende Weisheit in den Mund: »Den Menschen macht sein Wille groß und klein.«

In seinem Werk mit dem beziehungsreichen Titel ›Das graue Männlein‹ schrieb ein Ph. Eduard Devrient 1846: »Die Kraft des Willens wirkt, daß man's erzwinge/ Macht uns zum König über alle Dinge.« Und schließlich noch eine jüngere Erkenntnis zum Thema, die Volkes Stimme in die Welt gesetzt hat: »Wo ein Wille ist, ist auch ein Gebüsch.«

Wo war mein Wille? Mit stauchendem Schritt schleppte ich mich voran. Schlapp-schlapp-schlapp. Aber ich hörte immer noch nicht auf den inneren Schweinehund, der dauernd kläffte: »Hör doch auf, du Depp, geh doch einfach. Oder besser, gib doch einfach auf!«

Ich ließ mich nicht darauf ein, ich ließ mich nicht gehen, ich ging nicht, ich lief noch immer – auch wenn es nur noch ganz langsam lief und mühsam und schwerfällig und schmerzhaft. Es war ein verzweifelter Kampf. Mit mir, gegen den inneren Schweinehund, gegen mich selbst.

»Der Mensch kann alles, was er will«, behauptet Reinhold Messner. »Aber ein normaler Mensch will nur, was er kann.«

Ich kann kaum mehr, will aber. Was will ich denn bloß in diesem Zustand größter Jämmerlichkeit? Nicht viel. Nur durchhalten. Nur weiter. Warum nicht einfach aufhören? Warum weiter? Warum bloß? Wem will ich damit etwas beweisen? Keinem. Doch. Mir selbst. Ich will mich selbst besiegen. Über meine Schwäche triumphieren, die Bequemlichkeit bekämpfen, den inneren Schweinehund anketten.

Die Mauer, gegen die ich nun anrenne, der tote Punkt, der mich gerade bei lebendigem Leibe erwischt hat, scheint endlos zu sein.

Aber natürlich ist er das nicht. Erfahrene, die den Schrecken schilderten, erzählten ebenso von Sisu – wie Finnen den zweiten Wind nennen. Irgendwann kommst du durch die Mauer, hast den toten Punkt überlebt. Sisu beflügelt dich dann angeblich. Dein Körper funktioniert wieder, verbrennt Fett, und dann läuft es, und es läuft schon deshalb wieder, weil deine Psyche Triumphe feiert, weil du nicht aufgegeben hast, und weil es bis zum Ziel nicht mehr weit ist.

Im Ziel wartet eine Frau. Meine Gedanken laufen zu ihr. Ich rede mit ihr, ich befehle mir »go, go« und frage mich, warum ich mir englische Brocken kommandiere. »Go, go for it, go!« Schlapp-schlapp-schlapp. Noch immer sind die Beine bleischwer, aber in meinem Kopf schwingt nun optimistische Leichtigkeit mit, seit ich getrunken habe. Zwei von diesen Mineralgetränken, die dem Körper das zuführen, was er unentwegt verpulvert und ausschwitzt.

»Go, go«, schimpfe ich. Nein, meinem Körper bin ich nicht böse. Im Gegenteil. Ich erlebe in dieser Krise respektvollen Dank für meinen Körper. Meine Gedanken zielen bereits ins Ziel. Ich will ankommen. An meinem Ziel. Und bei ihr. Sie hatte versprochen, mir die Wunden zu lecken. Mich wundert, daß ich plötzlich so fröhlich bin.

»Nach der verzweifelten Müdigkeit und dem vorübergehenden Zusammenbruch der Willenskraft folgt fröhliches Losgelöstsein.« Mehr als nur ein profaner Stimmungswandel. Für einen wie Günter Herburger besitzt diese Erfahrung hohen symbolischen Wert. »Nichts ist zu Ende. Verzweiflung wird zu etwas Natürlichem, zu einer Lebensstrecke, die man auch wieder verläßt.«

Unterwegs, mitten in extremer Anstrengung, habe er das Gefühl, mit den Ellenbogen sehen zu können, und seine Knie seien wie Radarbündel. Er nimmt dann Abschied von der Welt, »um der Welt zuinnerst zu begegnen«. Er überläßt sich dann der Unendlichkeit der Zeit, fühlt keine Zeit mehr, läuft außerhalb der physikalischen, technischen, organisatorischen Zeit, taumelt dahin, in seiner eigenen Müdigkeit und Melancholie.

Herburger lief jedes Jahr vier-, fünfmal einen Mara-

thon. Und auf die Mauer wartete er geradezu, fast lustvoll begrüßte er sie, ließ sich versinken, gestattete sich diesen Trip, der für ihn mehr ein psychisches Phänomen ist als ein »Zustand völliger Erschöpfung«. Innerlich erhoben ließ er sie hinter sich, die Mauer.

Sie explodiert nicht spektakulär, die Mauer. Pink Floyd lassen ›The Wall‹ musikalisch in die Luft fliegen. Meine Mauer löst sich leise in Luft auf. Die Krämpfe lösen sich, ebenso der Knoten in der Brust. Die bleischweren Beine werden wieder leichter. Vor allem aber der Sinn. Eben noch herrschte Demut. Jetzt ist Übermut da. Es läuft wie von selbst. Da war das Ziel.

Im Ziel. Am Ziel, ich bin am Ziel. Sicher lächele ich jetzt ebenso wie ein paar tausend andere heute auch, die ebenfalls durchs Ziel laufen, die Mauer und 42 195 Meter hinter sich ließen. Sicher lächele ich ein bißchen gepeinigt, ein bißchen sehr gepeinigt. Vor allem aber wohl gelöst. Und stolz.

Als mir meine Frau davonlief

Wie macht sie das bloß? Sie weiß doch, was da auf sie zukommt! Warum wirkt sie trotzdem so unbekümmert, so gelassen? Mensch, Daniela, vor dem ersten Mal müßtest du doch mulmige Gefühle haben. Du müßtest nervös, ängstlich sein, weil du doch weißt, daß da dieser unbekannte Mann mit dem Hammer auf dich lauert. Zumindest könntest du vor diesem Abenteuer euphorisch sein, voller Vorfreude, wie Kinder das sind, vor der weihnachtlichen Bescherung.

Wie gerne wäre ich jetzt ähnlich gelassen. Leider schaffe ich es nicht, diese Sache auf die leichte Schulter zu nehmen. Ich kann seit Tagen an nichts anderes mehr denken. Zum Beispiel die Stadtrundfahrt gestern: Ich erinnere mich kaum an das Empire State Building oder die Fifth Avenue, sondern an die 135. Straße in der Bronx, als wir aus dem Bus die blaue Linie sahen. Von hier, dachte ich, sind es noch zehn Kilometer ins Ziel. Was hat der Guide unterwegs noch mal Großartiges über New York City erzählt? Meine Ohren filterten die Laufgeschichten der Leute vor uns im Bus heraus.

Nachts schrecke ich auf, weil ich glaube, jetzt habe ich den Start verschlafen. Ich träume vom toten Punkt,

von dieser schrecklichen, schier endlosen Strapaze. Aber ich freue mich auch, auf die Erlösung im Central Park. Und ob da wieder so starke Glücksgefühle kommen und ob sie wohl wieder Schauer über den Rücken und Tränen in die Augen treiben?

Dies wird mein zwölfter Marathon. Bei Daniela ist es das Debüt. Was uns wohl morgen um diese Zeit blüht? Es soll so häßlich bleiben, prophezeit der Wetterbericht. Draußen stürmt es, Regen peitscht gegen unser Hotelfenster. Ich habe heimlich ein paar deiner zwanzig Postkarten gelesen, die du geschrieben hast. Ich mußte lachen über die charmante Großmäuligkeit deiner New Yorker Notizen. Das las sich ungefähr so: Hey, gestern war ich allein Shopping. Komisch, kein Messer in den Rücken gekriegt. Morgen laufe ich also schlappe 42 Kilometer. Ich werde schnell laufen, damit ich hinterher noch mal Zeit fürs Shopping habe. Coole Grüße, Daniela.

Das Sauwetter macht dich ein bißchen traurig, weil wir jetzt faul herumhängen. Was gäbe es hier in New York, in deiner Traumstadt, nicht alles zu tun. Ich bin allerdings froh darüber. Ein fabelhafter Vorwand, besser auszuruhen. Gerade hast du mit unserer Tochter telefoniert, warst ganz glücklich, daß Jule happy ist, so weit weg. Sie ist mit ihrer Freundin in den Ferien bei der Oma in Freilassing. Jule erzählte ganz aufgeregt von den drei Katzen, die Bazi heißen, Charlie und Hein Blöd und daß sie Hein Blöd am liebsten hätte, weil der gar nicht scheu wäre. Und morgen würde sie dich dann im Fernsehen anschauen, du bist doch zu sehen, Mama?

Jetzt sitzt du auf dem Bett und räumst die Plastiktüten aus, die man uns mitgab, als wir unsere Startnummern holten. Du staunst nur und lästerst über das viele Werbezeug. Speed-Pillen mit Himbeergeschmack, Blasen-Pflaster, Nasenpflaster namens »Breath right«, angeblich gut für den dritten und vierten Wind, und weiß der Teufel noch was. Ich schmökere im zwölfseitigen Marathon-Sonderteil der ›New York Times‹ und zitiere Zahlen, die mich beeindrucken. Mensch, diesmal wieder über 30 000 Teilnehmer, davon 8836 Frauen. Die meisten Ausländer am Start sind Franzosen (2261) und Engländer (1485). Dann natürlich die Deutschen (1260), auch über tausend Italiener, 583 Schweizer, 212 Österreicher, insgesamt Teilnehmer aus 95 Ländern. Interessiert dich das? Willst du noch wissen, aus welchen Berufen besonders viele Marathonläufer kommen? Haben die alles erfaßt. Also: 1400 Rechtsanwälte, 1275 Lehrer, 1162 Ärzte, 1160 Ingenieure, 983 Studenten, 860 Geschäftsleute, 839 Banker, 371 Polizisten, mit mir 294 Journalisten.

Haben die auch normale Hausfrauen in ihrer Stati-

stik, fragt Daniela. Klar. »Homemaker«: 372, davon 33 männlich. Wer sonst noch alles dabei ist: 455 Krankenschwestern, 866 Buchhalter, 119 Köche, 49 Piloten, 126 Psychologen, 22 Politiker, 72 Friseure, 71 Arbeitslose.

Ein Marathon macht alle gleich. Das kapierst du am Morgen des Rennens. Es ist kurz vor halb sieben. Einer von 600 Bussen bringt uns von Manhattan nach Staten Island. Die meisten schweigen. Die Scheiben beschlagen. Wir müssen ungefähr 40 Kilometer bis zum Start fahren. Daniela fragt: Und das müssen wir alles wieder zurücklaufen? Vielleicht wird ihr jetzt zum ersten Mal die Distanz klar. Melden sich jetzt endlich bei ihr mulmige Gefühle?

Aufgeregt?

Nö.

Aber ich. Und wie. Bin immerzu aufgewacht. Und wie war ihre Nacht?

Gut, wieso?

Woher bloß diese Gelassenheit? Och, sagt sie, schlimmer als ein Baby kriegen kann so ein Marathon auch nicht sein. So habe ich die Herausforderung Marathon eigentlich noch nie betrachtet.

Diese Warterei. Wir liegen wie viele tausend andere auch unter einem großen Zeltdach. Es ist kühl. Noch regnet es nicht. Doch die Wolken hängen schon tief. Wir müssen über drei Stunden totschlagen. Wir reden nicht viel. Ob jetzt auch bei ihr – wie bei mir – diese Frage aller Fragen hochkommt: Warum das alles?

Was mute ich mir da wieder zu? Aber wichtiger noch: Was mute ich ihr da wohl zu? Dieser Marathon sollte eine Überraschung zu ihrem Dreißigsten sein. Große Begeisterung über dieses Geschenk konnte ich nicht entdecken. Oh, eine elegante und originelle Idee, seine Frau loszuwerden, spotteten Freunde. Eigentlich läuft Daniela nicht gern. In den letzten Monaten hatte sie konsequent trainiert, nur Laufen nicht. Ja, Aerobic, das macht ihr Spaß. Montags in Starnberg, immer drei Stunden am Stück, erst Stretching, dann Total Body Conditioner, schließlich Step III – schafft sie spielend. Doch, doch, sie hatte sich auf New York gefreut. Auf ihre Traumstadt. Aber das mit dem Marathon? Na, ja. Hab' ich sie also total mißverstanden? Hatte sie nicht öfter gesagt: Interessiert mich mal, ob ich auch einen Marathon schaffe. Hat sie es vielleicht doch nur so dahin gesagt? Jetzt hatte sie jedenfalls den Salat.

Würde sie diesen Marathon schaffen? Und wie würde sie ihn schaffen? Wird sie geschafft sein wie nie zuvor in ihrem Leben? Wird sie mich dafür lebenslang hassen? Oder bringt es ihr, wenn sie bis zum Ziel durchhält, eine tiefe Erfahrung fürs Leben? Ähnlich wie mir damals, vor 13 Jahren? Auch ich habe hier in New York

mit dem Abenteuer Marathon erstmals Bekanntschaft gemacht.

War das ein Fest für mich. Ein Erlebnis, ein Abenteuer, ein Triumph, den ich nie vergessen werde. Es war genauso ein Scheißwetter wie heute. Dennoch standen zwei Millionen Menschen am Straßenrand. O boy, war das ein Publikum, gingen die enthusiastisch mit. Sie applaudierten, sie lachten, sie lächelten dich an, sie schrieen Komplimente ins Feld, und du hattest das Gefühl, alle wären nur wegen dir da. Die New Yorker, sie machten Mut. Und sie machten Musik. In Brooklyn lärmten Blaskapellen. In Queens trommelten Bands. In der Bronx standen Ghettoblaster auf Fensterbänken, beflügelten mit ›Flashdance‹ oder der Filmmusik von ›Chariots of Fire‹ (Die Stunde des Siegers), einer rührenden Verherrlichung von Laufidolen aus den zwanziger Jahren.

Das war ein Rhythmus, bei dem man einfach mit muß. Ich hatte zum Glück einen marathonerfahrenen Läufer an meiner Seite. Frank. Er bremste mich immer wieder. Wir liefen kein schnelles, aber wir liefen konstantes Tempo, Meile um Meile. Vier Meilen, also gut sechs Kilometer vor dem Ziel hatte Frank Probleme. Wir waren nicht mehr weit vom Central Park entfernt. Lauf alleine weiter, drängte Frank. Ich wollte bei ihm bleiben, aber schließlich ließ ich mich überreden. Was dann mit mir ablief, war wie in einem schönen Traum. Ich konnte kaum glauben, wieviel Kraft noch in mir steckte. Ich lief also allein weiter und mit mir lief ein bärenstarkes Glücksgefühl um die Wette. Spinne ich, dachte ich, jetzt rase ich ja geradezu.

So also fühlt sich das an, wenn Endorphine, diese körpereigenen Glückshormone, durch dein System strömen und wohlige Macht über dich gewinnen. Wie sie schwerfällig trotteten, die anderen. Wie sich die meisten mühsam weiterschleppten, humpelten, hatschten, staksten. Und mir, wie ging es mir? Ich fühlte mich wie auf einem Förderband. Es lief vollkommen mühelos. Mir nichts, dir nichts überholte ich einen nach dem anderen, bis ins Ziel müssen es noch weit über tausend gewesen sein, an denen ich mit Leichtigkeit vorbeilief.

Magische Momente. Starke Eindrücke, die für immer in mir gespeichert sind. Und das Schönste: ich kann sie auf Wunsch wie einen wunderbaren Film in mir ablaufen lassen.

Endlich geht es los. Ausgesetzt auf der Verrazano Bridge. Tief hängen die Regenwolken. Empfindlich kalter Wind. Wir frösteln. Kanonendonner, das Startzeichen. Aus Lautsprechern erklingen Vivaldis ›Vier Jahreszeiten‹. Das wärmt das Herz.

Endlich geht es los! Von wegen, es geht los. Wir stehen hinten, ganz, ganz hinten und da dauert es fünf, sechs, sieben Minuten, bis in den Pulk ein bißchen Bewegung kommt. Die Zeit läuft, aber wir können noch lange nicht laufen. Wir gehen, ist auch besser. Daniela glaubt nicht, was sie sieht. Weggeworfene Pullover, Windjacken, ausgediente Wärmehosen, Müllsäcke, die sich Erfahrene als Kälteschutz übergestülpt hatten. Soviel Läufermüll vor uns auf dem Asphalt.

Und dann geht es wirklich los. Auch für uns. Für die Elite geht es um Prämien, für die Sieger winken 50 000 Dollar und ein Auto. Für viele geht es heute um eine persönliche Bestzeit. Für uns, für die allermeisten geht es ums Durchhalten, Durchkommen, Ankommen.

Daniela läuft leicht und locker. Wie es ihr wohl geht? Fühlt sie sich wohl? Ich will sie ständig fragen, verbiete es mir schließlich. Wird das für sie ein großer Tag? Ob sie Herzklopfen hat? In Brooklyn stehen die Leute dichtgedrängt, applaudieren, grölen (»come on«), stimulieren. Daniela ist begeistert. Die New Yorker, die machen ihr Mut.

Es läuft wie von selbst. Meile um Meile. Wir laufen nicht schnell, aber wir überholen ständig andere Läufer. Läufer, die französisch reden oder japanisch aussehen oder sich als »Lauffreunde Schwerte« outen; Läufer, die unter klobigen Nashorn-Panzern aus Pappmaché unterwegs sind, als Werbeträger für die Rettung dieser bedrohten Art; Läufer, deren Credo auf ihrem T-Shirt steht: »Ich bin 40 und vierfache Mutter. Ich laufe für Alissa, Anna, Ashton & Zack« oder »I'll do it – dead or alive«. Oder Läufer wie der starke Selbstdarsteller Willy, der so tut, als wäre es die leichteste Übung, lächelnd und mit einer Fünf-Kilo-Hantel in jeder Hand einen Marathon durchzustehen.

Ob Daniela merkt, wie sie immer wieder unbewußt forciert? Manchmal spiele ich Spielverderber, drossele unser Tempo. Ob sie die vielen Extrameter bewußt in Kauf nimmt? Da sind Kinder, die strecken ihre Hände aus, wollen abgeschlagen werden. Daniela macht den Spaß mit, sie wechselt dafür immer wieder die Straßenseite. Ich liebe sie dafür.

Wir laufen schon über zwei Stunden. Die Besten erreichen jetzt schon das Ziel. Wir haben nicht mal die Hälfte hinter uns. Da macht der Himmel auf. Es schüttet dramatisch. Nein, der Regen kann mich nicht aufregen. Aber meine Schultern. Sie sind verspannt und schmerzen. Daniela läuft immer noch mit Leichtigkeit. Sie läuft längst im Neuland, so lange ist sie zuvor noch nie gelaufen. Ich will, daß es mit ihr so weiterläuft. Deshalb bemühe ich mich immer wieder, unaufdringlich zu bremsen.

Da kommt jetzt die Queensborough Bridge. Da müßte

sich gleich die imposante Skyline von Manhattan abzeichnen. Dieser Blick kann enorm beflügeln. Aber heute ist nichts Imponierendes zu sehen. Nur diese Suppe tiefhängender Regenwolken. Regenpfützen. Regenschauer. Stürmischer Wind. Einziger Trost, daß Daniela immer noch ihren Spaß hat, daß es bei ihr immer noch so gut läuft.

Bei mir läuft es nicht mehr. Ganz plötzlich ist es mit dem selbstverständlichen Gleichmaß meiner Schritte vorbei. Ganz plötzlich mag ich einfach nicht mehr. Auf der Brücke hatte mich das Gefühl sonderbarer Leere in Kopf und Körper und die schmerzhafte Schwere der Schultern schon mal kurz drangsaliert. Auf der First Avenue in Manhattan lief es wieder besser. Die breite, kilometerlange Straße war eine Allee applaudierender Zuschauer, die in Fünferreihen fröhlich dem Regen trotzten. Das trägt jeden. Das läßt Leere und Schmerzen ertragen.

Auf der Willis Avenue Bridge, die rüber in die Bronx führt, ungefähr bei Kilometer 33, brachen bei mir alle Brücken der Lauf-Moral. Gerade schien die Welt erneut unterzugehen, es kübelte wieder heftigst von oben, und von vorne peitschte kalter Wind. Gewiß, diese Widrigkeiten spülten die Frage nach dem Sinn des Weiterlaufens nach oben. Aber das war es nicht allein. Ich wollte mit meinem Elend alleine sein. Ich spürte wenig. Im

Innersten tobte kein Kampf, da war kein Aufbäumen. Ich wollte aufgeben. Oder doch nicht? Nein, eigentlich wollte ich bloß nicht mehr laufen müssen. Ich wollte gehen und dann mal sehen. Aber ich wollte nicht, daß Daniela mich so sieht.

Lauf alleine, bat ich sie. Sie verstand. Vielleicht hatte sie schon die ganze Zeit darauf gewartet, ihr eigenes Tempo zu laufen, um ihre eigene Grenze zu entdecken. Der Augenblick, als mir meine Frau davonlief – ich habe ihn als glücklichen Moment gespeichert. Weiß Gott, ich fühlte mich schwach und demütig und durch den Wind. Aber ich spürte auch Stolz. Ich war stolz auf Daniela.

Sie erreichte das Ziel. Zehn Minuten vor mir.

Fifth Avenue. Central Park. Central Park South. Trotzig, wütend, wütend auf mich und die Umstände, blind manchmal, mit geschlossenen Augen, lief ich, ging ich, lief ich, ging ich, lief ich. Meile um Meile. Der Regen, die Kälte, der Wind berührten mich nicht mehr. Wie lief es wohl jetzt bei ihr? Ich hatte furchtbar mit mir zu tun, aber meine Gedanken liefen zu ihr. Ob sie immer noch Spaß hat, ob sie noch immer Kinderhände abklatscht?

Sie hat sogar noch getanzt. Bei Kilometer 35 war das, da spielte eine Gospeltruppe. Daniela lief einem großen schwarzen Kerl in die Hände, der schnappte sich meine Frau für ein spontanes Tänzchen. Hölzern und steif

schleppte ich mich ins Ziel. Wo war sie? War sie glücklich? Hatte sie sich zu guter Letzt auch quälen müssen? Was würde sie sagen?

Verdammt, wo war dieser Scheiß-Lkw Nummer 46 mit unserem Gepäckbeutel? Davor würde sie sicher warten. Hoffentlich. Und wenn nicht? Ach was, klar ist sie da. Wie würde sie sich fühlen? Ich fühlte mich gar nicht gut, während ich UPS-Lkw Nummer 3, Nummer 4, Nummer 5 passierte. Vor mir, hinter mir, neben mir Mitläufer mit erleichterten Minen, glücklichen Gesichtern. Stolze Finisher.

Man hatte auch mir im Ziel eine silberne Alufolie als Kälteschutz gegeben und vor allem eine Medaille mit rotem Band um den Hals gehängt. Der Lohn der Strapaze. Komisch, heute bedeutete mir das nicht viel. Ich wollte nur ihr Gesicht sehen. Wie würde sie strahlen? Würde sie den Stolz des Augenblicks mit einem Späßchen herunterspielen? Wagen Nummer 17, erst. Nummer 27. Meine Güte, meine Schultern schmerzten. Meine Schritte waren schwer. Wie freute ich mich auf meine Frau.

Verdammte Scheiße, wie weit ist Nummer 46 denn weg?

Da. Sie stand tatsächlich vor Nummer 46. Sie kam mir ein paar Schritte entgegen. Da meldete sich endlich dieses Glücksgefühl, das ich mir schon im Ziel erhofft, das mich diesmal aber im Stich gelassen hatte. Sie sah gut aus, verdammt gut. Sie wirkte sogar schon erholt. Allerdings: sie strahlte gar nicht so stolz, wie ich das gehofft hatte. Sie hatte geschafft, was sie sich vorgenommen hatte und jetzt war es vorbei.

Bist du denn schon lange hier?

Och, schon ewig lange. Nein, nein, noch nicht so lange. Danke für deine vorauseilende Rücksicht, dachte ich. Dabei fühlte ich mich nicht schlecht. Im Gegenteil, ich fühlte mich jetzt richtig gut, weil sie das Abenteuer Marathon so gut überstanden hatte. Sie erzählte von einem jungen Mann, der sie bei Kilometer 36 zügig überholt hatte. Ein wahrer Athlet sei das gewesen, Zehnkämpferfigur, aber er hatte nur ein Bein. Nicht zu fassen, wie rasant er sie mit seinen zwei Krücken überholte. Diese bizarre Begegnung hätte sie tief beeindruckt und ihr Kraft gegeben.

Und wie es zum Schluß für sie gelaufen ist, als es doch auch für sie schlimm sein mußte?

Sie sagte: Ein Baby zu kriegen ist schlimmer. Und schöner.

Die Legende von Marathon

Während ich mühsam vorantrottete, schon mit ziemlich schweren Beinen und trockenem Hals, lief immer wieder ein Film in mir ab. Nein, genaugenommen waren es sogar zwei Filme. Der erste trug sich im Jahre 490 vor unserer Zeitrechnung zu. Und der zweite spielte sich 1896 ab.

Hier, kurz hinter Pallini, bei diesem giftigen Anstieg, es war bei Kilometer 26, mußte damals auch Albin Lermusiaux sein schleppendes Ende erleben, sein Martyrium, sein Scheitern.

Und wie war wohl jenem legendären Läufer zumute, der, wenn überhaupt, bloß mit schäbigen Riemensandalen an den Füßen, über Steine, Buckel, Schründe spurtete und sich sputete – um den Athenern eine Siegesbotschaft zu überbringen. Hatte doch das Heer des Miltiades in einer Schlacht bei Marathon die Perser besiegt, allerdings nicht vernichtet. Auf dem Seeweg wollten die Perser jetzt das ungeschützte Athen erreichen. Der Bote erreichte Athen schneller, verkündete die Siegesnachricht – und brach tot zusammen.

Erbarmungslos knallte die Oktober-Sonne vom griechischen Himmel. Kaum einmal der Schatten eines Olivenbaumes, kein Pinienwald, wie noch vor ein paar

Kilometern. Statt dessen ständige Steigung. Längst führte die Straße landeinwärts. Keine Brise mehr vom Meer, wie anfangs. Einschüchternd baute sich das mächtige Massiv eines Bergrückens namens Hymettos auf. Irgendwo hinter dem Sockel, noch 15 Kilometer weit, lag Athen – das Ende der Strapaze. Das Ziel.

Das Ziel lag auch für mich in diesem Moment unendlich weit. Ich kämpfte gegen die Krise, gegen den Wunsch, aufzugeben. Mein Wille schien wie weggelaufen. Aufgeben? Na gut, und dann? Wie würde ich denn hier wegkommen? Und wie würde ich dann dastehen? Und außerdem: Dies war ja nicht irgendeine beliebige Situation, dies war ein besonderer Augenblick. Ich lief hier schließlich nicht irgendeinen Marathon, sondern den »International Athens Peace Marathon« – auf den Spuren der Legende von Marathon.

Hier entstand der Mythos Marathon. Ohne diesen Mythos, der in Wirklichkeit vor allem ein modernes, olympisches Märchen ist, wäre der phänomenale Aufstieg des Marathons zu einem Spektakel, das Millionen Menschen fasziniert und im wahrsten Sinne des Wortes bewegt, nicht möglich gewesen.

Hier, kurz hinter Pallini, war es für mich ein Leichtes, die schwere Krise des Läufers Albin Lermusiaux, einem der olympischen Teilnehmer im Jahre 1896, nachzuvollziehen. Mir ging es genauso.

Noch bei Pikermi, dem Weindorf bei Kilometer 22, wirkte der Franzose fulminant frisch. Er trug weiße Handschuhe. »Immerhin laufe ich vor dem König«, begründete Lermusiaux seinen feinen Habitus. Seine hartnäckigsten Konkurrenten, den für Australien startenden Oxford-Studenten Edwin Flack und den Amerikaner Arthur Blake, hatte er schon weit abgehängt. Der Rest des Feldes kleckerte noch weiter hinterher.

Ein dünnes Feld. Damals, am 10. April 1896, waren nur 17 Läufer ins Rennen gegangen, vier Ausländer, 13 Griechen. Wagemutige. Dieser Lauf, soviel stand schon vor dem Start fest, würde eine sportliche Großtat sein, Mittelpunkt und Höhepunkt des olympischen Programms. Im marmornen Stadion von Athen warteten über 50 000 Zuschauer auf die Ankunft des Ersten. Ständig informierten Boten über den Stand des Rennens. Alle Hoffnungen der Zuschauer ruhten darauf, einen Griechen als Sieger feiern zu können.

Dimitrios Deligiannis zum Beispiel, der vier Tage zuvor eine Weltbestzeit (3:03:05 Std.) aufgestellt hatte. Oder Vasilakos. Oder Vrettos. Oder Papasymeon. Oder vielleicht Spiridon Louis, 24 Jahre, Soldat von Beruf und nicht Schafhirte, wie es heute in den Chroniken heißt.

Athanasios Louis, der Vater des Marathonläufers, hatte ein kleines Fuhrgeschäft – er versorgte Athener

Familien mit Wasser. Sohn Spiridon half. Einem Kunden namens Papadiamanopoulos, Major, gefielen Zuverlässigkeit und Schnelligkeit des jungen Mannes, dem zudem der Wehrdienst bevorstand. Kurzentschlossen machte der Offizier Spiridon Louis zu seiner Ordonnanz. Später wurde Papadiamantopoulos vom Vorbereitungsausschuß für die Olympischen Spiele mit der Ausrichtung des Marathonlaufs beauftragt. Der Name seiner schnellen Ordonnanz tauchte erstmals auf der Teilnehmerliste für den zweiten Ausscheidungslauf auf – fünf Tage vor Olympia.

Spiridon Louis kam als 17. von 38 Bewerbern ins Ziel, wurde aber dennoch für den olympischen Marathonlauf nominiert.

Bis Kilometer 22 war er im Feld nicht aufgefallen. Das heißt: doch. Er hatte einen sonderbaren Wunsch. »Als Louis aus Amarussi bei dem Wirtshaus in Pikermi vorbeikommt, fordert und trinkt er ein Glas Wein, erkundigt sich nach den vordersten Läufern und versichert mit Bestimmtheit, daß er sie erreichen und überholen werde.« So steht es später im offiziellen Bericht des olympischen Marathonlaufs.

Wirklich, auf den Steigungen, die Athen vorgelagert sind, machte Louis seine Prophezeihung wahr. Einen nach dem anderen erreichte er, lief leichtfüßig vorbei. Flack, den Australier, fing er bei Kilometer 37 ab. Viele

Jahre später versuchte Spiridon, der asketische Kerl mit dem buschigen Schnurrbart, zu erläutern, was passierte: »Ich konnte mir nicht erklären, was in mir geschah, von jetzt an spürte ich nichts mehr, weder Hitze noch Schweiß, noch Müdigkeit, es war so etwas wie ein Wunder...«

Dieses Wunder lief jetzt also auch in mir ab – der Film von damals. Hier, hinter Pallini, in Jerakas, einer Gemeinde, die heute zum Schmelztiegel Athen gehört, müssen die Schritte des Spiridon Louis auf wunderbare, wundersame Weise mühelos geworden sein.

Der führende Flack brach bei Kilometer 38 bewußtlos zusammen, nachdem ihn Spiridon erreicht, überholt und mühelos abgeschüttelt hatte. Louis lief rhythmisch, mechanisch, vermutlich in Trance. Er erlebte die Begeisterung der Menschen an der Strecke. Er sah Papadiamantopoulos, den Rennleiter, auf seinem Pferd zum Stadion stieben, er hörte Böllerschüsse – das vereinbarte Signal, daß ein Grieche in Führung gegangen war.

»Es war wie eine durch das Stadion laufende gewaltige Flutwelle, die diese Botschaft auslöste. Alles erhebt sich und blickt nach dem Eingang. Draußen tönt das Jauchzen und Jubeln des Volkes, Tücher und Fahnen werden geschwenkt, die Aufregung ist nicht zu schildern.« Alfred Schiff erlebte die Entscheidung damals als Berichterstatter mit.

»Da läuft mit Schweiß und Staub bedeckt ein Mann durch das Eingangstor und weiter auf der Stadionlaufbahn dem an der Rundung gelegenen Sitz des Königs zu, wo das Ziel ist. Kronprinz Konstantin, der Protektor der Spiele, und Prinz Georg, der oberste Kampfrichter, die am Stadioneingang gewartet hatten, laufen zu beiden Seiten, rechts und links von Louis, neben ihm her. Die Schiedsrichter folgen ebenfalls laufend. Der König erhebt sich und schwenkt seine Mütze. Die Begeisterung erreicht ihren höchsten Grad. Man sieht Männer und Frauen in Tränen, Unbekannte küssen sich, die Luft bebt von Jubelrufen.

Niemand kann sich dem Glanz dieser Minuten entziehen. Denn es ist nicht die große sportliche Leistung, die diesem Sieg die Weihe gibt (Louis hatte 2 Stunden, 58 Minuten und 50 Sekunden gebraucht) sondern die Idee der Verknüpfung mit einer ruhmvollen Vergangenheit und einer der größten Taten der Weltgeschichte.«

490 vor Christi Geburt. Die Perser hatten Euböa besetzt, um von dort mit ihrer Flotte zur Bucht von Marathon überzusetzen. Von hier wollten sie nach Athen vorstoßen, um den aufständischen Griechen eine blutige Lektion zu erteilen. Die Athener wollten die Perser möglichst weit vor ihrer Stadt abfangen und hatten ihre Streitmacht um die Bucht von Marathon verlegt. Sie waren allerdings nur 10 000 Mann stark. Die Perser

rückten mit einer zehnfachen Übermacht an. Die Athener hatten einen Herold nach Sparta geschickt, um Verstärkung zu erbitten. Dieser Schnelläufer soll die Strecke, gut 200 Kilometer, in zwei Tagen geschafft haben. Sein Name war Pheidippides. Die Leistung des Läufers wurde vom griechischen Geschichtsschreiber Herodot (484–425 v. Chr.) überliefert.

Die Spartaner waren zur Hilfe bereit, mußten aber noch das göttliche Fest des Apollon abwarten. Athens Oberbefehlshaber Miltiades, im Angesicht eines Feindes, der vielfach stärker schien, beendete intuitiv die unerträgliche Spannung – er gab seinen Soldaten den Befehl zum Angriff.

Er ahnte wohl die Kriegstaktik der Perser. Er verstärkte die Flügel seiner Schlachtreihen, während er das Zentrum – Ziel der persischen Bogenschützen – nur dünn besetzen ließ.

Diese List verhalf zum Sieg. Die Perser drangen durch die Mitte, wurden dann aber von den Athenern umzingelt und von hinten angegriffen – und mit fürchterlichem Gebrüll und den Disharmonien der Hirtenflöten in Panik versetzt. Das große persische Heer flüchtete vor der kleinen Streitmacht der Athener. Herodot meldet, wie die Schlacht bei Marathon endete: Die Perser mußten 6 400 Tote zurücklassen; die Athener beklagten 192 Gefallene.

Noch heute besteht ihr Hügelgrab. Es ist ein Nationaldenkmal geworden. Keine Erinnerungstafel, nur ein schlichter Haufen Erde, neun Meter hoch, 180 Meter Umfang. Archäologen fanden Skelette, die tatsächlich 2500 Jahre alt waren. Wir hatten den Hügel des historischen Massengrabes bei Tymos, knapp fünf Kilometer nach dem Start in Marathon, schweigend umrundet.

Marathon, dieses verödete Dorf, enttäuschte mich maßlos. Von wegen klassische Kulisse. Nichts, aber auch gar nichts deutete auf die geschichtsgeschwängerte Vergangenheit hin. Im Gegenteil. Es war ernüchternd. Überall bloß Bausünden, Zivilisationsschrott, Billboards, überdimensioniert. Und in den Tavernen nervte viel zu laute Musik aus billigen Musikautomaten.

In der Ebene von Marathon leben 4800 Einwohner, davon 986 Schulkinder, und rund 10 000 Vierbeiner: Schafe, Ziegen, natürlich Hunde und Katzen. Und Rennpferde, die hier gezüchtet werden. Die Gegend ist fruchtbar. Sogar Gastarbeiter aus Indien und Ägypten finden ihr Auskommen. 80 Prozent des griechischen Blumen-Exports wachsen bei Marathon. Ein bißchen Fischerei, Tourismus. Größtes Problem, sagt der Bürgermeister, sei die Landflucht.

Wir waren ein buntes Läuferfeld, genau 1254 Starter, die vor allem aus Skandinavien, Amerika, Italien, Holland und Deutschland angereist waren. Für die Ein-

heimischen, so schien's, war dieser Marathon kein besonderes Ereignis. Sie ignorierten die Veranstaltung. Marathon, die Wiege des Marathons, glänzte überhaupt nicht als historischer Schauplatz.

Das Heer des cleveren Miltiades hatte also die Perser geschlagen, aber nicht vernichtet. Und die Reststreitmacht segelte nun Richtung Athen. Da eilten auch die Athener, »so schnell die Füße tragen wollten, zu ihrer Stadt und langten wirklich eher an als die Barbaren«, berichtet Herodot.

Und jener legendäre Läufer, der in voller Rüstung vorausgerannt, den Sieg verkündet und dann tot zusammengebrochen war? Kein Wort davon bei Herodot. Der gewissenhafte Chronist hätte dieses spektakuläre Detail gewiß nicht unterschlagen – wenn es denn so gewesen wäre.

Die Heldentat des Ur-Marathonläufers ist das Phantasieprodukt von Lukian (120–180 n. Chr.), des berühmten syrischen Schriftstellers, der im Alter die Kanzlei des römischen Statthalters in Ägypten leitete. Eines Morgens unterlief Lukian ein Fauxpas. Seinen Herrn grüßte er nicht mit »Guten Morgen«, sondern mit »Auf Wiedersehen«. Offenbar keine Lappalie. Denn der Satiriker sah sich genötigt, eine ›Verteidigungsschrift für einen Fehler beim Grüßen‹ aufzusetzen. Und darin dreht und windet er sich, um den Statthalter zu versöhnen, und geschickt argumentiert er damit, daß Willkommen und Abschied fiel freier, ja oft sogar völlig verkehrt verwandt wurden.

Der Ostberliner Journalist Volker Kluge folgerte: »Es ist zwar nicht bekannt, ob das für eine Verzeihung ausreiche, Tatsache aber ist, daß jenes Pamphlet die einzige Quelle für jenen tragischen Helden ist, ohne den der Marathonlauf eben nicht der wäre, der er nun mal ist.«

Lukian jedenfalls schrieb: »Als erster aber, sagt man, habe der Tagesläufer Philippides, als er den Sieg von Marathon meldete, vor der Versammlung der um den Ausgang der Schlacht besorgten Archonten (der höchsten Athener Staatsbeamten) die Grußformel bei seinem Ausruf ›Freut euch, wir haben gesiegt‹ in jenem Sinne verwandt und zugleich mit dem Gruß sein Leben ausgehaucht.« Die Geschichte, die Geschichte wurde – nicht mehr als ein historischer Irrtum.

»Freut euch, wir haben gesiegt«. Die Größe eines Läufers und seine Leistung, seine frohe Botschaft und sein schneller Tod – Stoff, der jahrhundertelang die Phantasie der Menschen beflügelte.

Auch einen Philosophieprofessor aus Paris: Michel Bréal, der 1832 übrigens im bayerischen Landau an der Isar geboren wurde. Als der Philosoph vor jenem Grabhügel stand, der an die Schlacht von Marathon erinnert,

und über die Legende des Marathonläufers grübelte, kam ihm die Idee, den Marathonlauf neu zu beleben. Er konnte seinen Freund Baron Pierre de Coubertin begeistern. Der Baron, der versuchte, die olympische Bewegung zu etablieren, griff den spektakulären Vorschlag auf.

So also kam der Marathonlauf ins olympische Programm. Und an jenem 10. April 1896 wurden 17 Athleten auf Pferdewagen zu ihrem Wettkampf transportiert, von Athen über holprige Straßen in das Dorf Marathon.

Der klassische Marathon von Marathon nach Athen gilt als die schwerste Strecke der Welt. Wegen der Hügel. Wegen der Hitze. Und wegen des Smogs in der griechischen Metropole. Viele nennen Athen die häßlichste Millionenstadt der Welt. Zu Recht.

Damals, als Spiridon Louis Athen erreichte, war das Umweltproblem Smog noch unbekannt. Jetzt aber plagte einen verpestete Luft, der Gestank des Verkehrs. Wie alle der 1254 Läufer litt ich besonders auf den letzten Kilometern. Die Organisatoren hatten eine Spur auf der Straße mit Plastikhütchen eingegrenzt und reserviert. Links und rechts von den Athleten fünfspurig Verkehr in seiner fiesesten Form: Stau. Schrittweise bewegten sich neben uns automobile Stinker.

Mit schweren Schritten lief ich in den zementierten Kessel Athen ein, passierte das Verteidungsministerium, einen Tunnel, das Krankenhaus. Über der Stadt eine Hitzeglocke. Ein wenig, wirklich nur ein wenig wurden meine müden Bemühungen angespornt, als sich in der knallprallen Mittagssonne die Akropolis für Momente durch den Beton-Dschungel der Stadt blicken ließ.

Ich versuchte, Spiridon Louis in meinen Gedanken zu folgen. Seine letzten Kilometer. Sein Triumphgefühl. Ob süße Schauer über seinen Rücken liefen, als Lohn für seine Strapazen? Vom Straßenrand wurde ihm eine Flasche Metaxa gereicht – und Spiridon gönnte sich ein paar tiefe Schlucke. Angeblich soll er unterwegs auch Schafskäse gemümmelt haben.

Ein überraschender Sieger. Der Ahnungslose schrieb die Legende von Marathon fort. Königin Olga drückte ihm einen Kuß auf die Stirn und überließ Spiridon Louis ihre Pretiosen, die sie um den Hals hatte – und mußte ihn aufheben. Denn der Marathonläufer war vor ihr auf die Knie gesunken und hatte demütig gesagt: »Ich bin nur ein Bauernsohn, Eure Majestät!«

Ich bin, viele Jahre später, 813. geworden. Keine Königin im Stadion, kaum Zuschauer. Vor allem eine Baumaschine, die von Renovierungsarbeiten übrig geblieben war. Sie störte auf perfide Weise den würdevollen Rahmen des antiken Olympiastadions, das aus dem Marmor des nahen Pentelikon erbaut wurde.

Trotzdem wirkte die Monumentalität des Augenblicks. Trotzdem erlebte auch ich jenen süßen Schauer, der Triumphe körperlich fühlbar macht. Ich spürte einen Kloß im Hals, ich spürte Tränen in den Augen – nur meinen malträtierten Körper, den spürte ich nicht.

Große Gefühle. Glücksgefühle. Geschafft.

Einen Moment lang glaubte ich sogar zu wissen, wie er sich damals im April 1896 gefühlt haben muß, Spiridon Louis, der erste Marathonsieger. Und wie ihm zumute war, dem Schnelläufer Philippides, der vor fast 2500 Jahren als erster die Distanz von Marathon lief und der dann tot zu Boden stürzte – ja, das alles hatte ich lebhaft vor Augen.

Auch wenn letzteres bloß Legende ist.

Kleine Philosophie der Passionen

Zum Selberlesen und Verschenken – für alle,
die bereits einer Leidenschaft erlegen sind oder ihre
wahre Passion noch suchen

Peter Würth
Gärtnern
dtv 20036

Elfriede Hammerl
Hunde
dtv 20037

Karl Forster
Segeln
dtv 20038

Heiner Geißler
Bergsteigen
dtv 20039

Renate Just
Katzen
dtv 20095

Barbara Bronnen
Friedhöfe
dtv 20096

C. Bernd Sucher
Gäste
dtv 20097

Arnulf Conradi
Vögel
dtv 20098

Margaret Minker
**Umziehen, umräumen,
umbauen**
dtv 20099

Ulrich Pramann
Laufen
dtv 20161

Johannes Dräxler,
Harald Braun
Fußball
dtv 20162

Christiane Graefe
Reisen
dtv 20163

Frank Lämmel
Autofahren
dtv 20164

Gabriele von Arnim
Essen
dtv 20215

Thomas Karlauf
Wein
dtv 20216

Burkhard Spinnen
Modelleisenbahn
dtv 20217

Roswin Finkenzeller
Schach
dtv 20218

Eva Gesine Baur
Dessous
dtv 20265

Kleine Philosophie der Passionen
Heiner Geißler
Bergsteigen
dtv 20039

»... ein anekdotischer Querschnitt aus dem Bergtagebuch eines liebenswerten Exzentrikers: gleichzeitig eine Standortbestimmung des modernen Bergsteigers, der die Berge braucht, damit er die Zivilisation da drunten ertragen kann.«
Süddeutsche Zeitung

»Bergsteigen ist ein Abenteuer. Es gehört wahrscheinlich zu den letzten großen Abenteuern, die heute auf der Erde noch möglich sind. Es ist eine immer wieder faszinierende körperliche und seelische, geistige und charakterliche Herausforderung. Es ist, wie gesagt, Leistungssport in wilder und schöner Landschaft, in unmittelbarer Berührung mit der Erde und ihren Pflanzen, mit Fels und Eis in ständiger Abhängigkeit und Beobachtung von Sonne und Mond, den Sternen, dem Wetter, den Wolken am Himmel. Es fordert Können, Umsicht, Solidarität, Moral und Beherrschung der Technik, aber es sollte ein Abenteuer sein, das das Leben schöner macht und nicht vernichtet.«

»**Man erfährt viel in diesem kleinen Buch: über das Bergsteigen – und über den Menschen Geißler. Ein guter Tip für Bergfreunde und Politikinteressierte.**«
Westfälische Nachrichten

dtv

Kleine Philosophie der Passionen

Christiane Grefe
Reisen
dtv 20163

»Ein Büchlein, das auch Reisemuffel
zum Schmunzeln bringt.«
Augsburger Allgemeine

»Meine Reisetasche heißt Heimat. In dieser strapazierten, mit jeder Fahrt ein wenig mehr abgewetzten, die vorgeschriebene Kilozahl für Fluggepäck nie überschreitenden, jederzeit überallhin transportierbaren Heimat fühle ich mich zu Hause. Im Wortsinn unbeschwert. Ohne Ballast, damit der Ballon wieder aufsteigen kann...«

Was Christiane Grefe auf Dienst-, Urlaubs- und Abenteuertouren widerfährt, wird Reiselustige an Selbsterlebtes erinnern und zum Philosophieren über die geteilte Passion anregen. Sogar Reisemuffel können sich gefahrlos an tragikomischen Anekdoten von Hotelbar-Bekanntschaften und Zugbegleitern, von Urlaubsknatsch und Orientierungsproblemen, von Notquartieren und Luxusabsteigen delektieren. Die Autorin muß trotz oder wegen aller Widrigkeiten bald wieder aufbrechen, egal ob nach Bitterfeld oder Sansibar. Denn nirgendwo ist es schöner als – unterwegs.

dtv

Kleine Philosophie der Passionen
Karl Forster
Segeln
dtv 20038

»…mit einem Wirbel an Erinnerungen und Episoden, gefühlsam, lyrisch, komisch…«
Süddeutsche Zeitung, München

»›Kurs liegt an.‹ Ein häßlicher Moment. Es ist 2 Uhr morgens, die Nacht hat keine drei Stunden gedauert, weil wir wieder nicht in die Kojen gekommen sind. Und jetzt bin ich also dran. Es sind immer die ersten fünf bis zehn Minuten, in denen man heftig darüber nachdenkt, warum man sich das antut. Warum man auf einer 13-Meter-Yacht nächtens durch das Mittelmeer eiert, nur um irgendwann in irgendeinem Kapheneion einen ›Metrios‹ zu trinken, diesen halbsüßen, heißen, starken, kleinen griechischen Kaffee, den die Türken natürlich einen türkischen nennen.

Nun, die ersten Minuten sind vorbei. Das Auge hat sich an die Dunkelheit gewöhnt. Der Körper bewegt sich im Rhythmus des Schiffes. Man beginnt wieder, eins zu werden mit dem Meer, das uns seinen Willen aufzwingt. Und es wird dabei kräftig unterstützt vom Wind. Wenn die beiden nicht wollen, dann kann kein Mensch dagegen an. Wobei es, und das könnte mit ein Grund sein, warum man sich so etwas immer wieder antut, durchaus Möglichkeiten gibt, Meer und Wind ein bißchen auszutricksen. Man nennt das Segeln.«

»Karl Forster gilt als ungekrönter König der Ägäis und vermittelt glaubwürdig und unterhaltsam, daß es auf dem Boot nicht nur feucht, sondern auch fröhlich zugehen kann.«
Thomas Grasberger in der AZ

dtv

Guten Appetit!
Lebenslust statt Diätfrust:
die Methode Montignac

Michel Montignac
Essen gehen und dabei abnehmen
dtv 36524

Essens-Management statt Diät-Streß: Wer abnehmen will, muß nicht länger Kalorien zählen! In diesem außergewöhnlichen Ratgeber, der sich weltweit millionenmal verkauft hat, lehrt Michel Montignac nicht Verzicht auf gutes Essen, sondern Genuß ohne Reue. Dabei räumt er auf mit den einseitigen und lustfeindlichen Reduktionsdiäten und läßt so alle Diätgeplagten aufatmen. Denn das beste an der Methode Montignac ist, daß die Lebensfreude nicht zu kurz kommt: Nicht was oder wieviel man ißt und trinkt ist entscheidend für ein stabiles Körpergewicht, sondern einzig die richtige Zusammenstellung.

Die Schlemmer-Diät als Alternative zum Slim-fast-Getränk.

Ich esse, um abzunehmen
Die Methode Montignac
CD-ROM
dtv 52101

Mit Genuß abnehmen und das Gewicht halten – das sind die Schlüsselbegriffe der Methode Montignac. Lernen Sie spielend mit der Multimedia-CD-ROM, wie Sie sie umsetzen können.

»Eine straff konzipierte und preisgünstige
Nutzanwendung.«
Thomas Feibel in ›screen MULTIMEDIA‹

Modernes Leben im dtv

»Und du fragst mich, Arthur: Was soll ich tun?
Und ich sage dir: Lebe wild und gefährlich!«

Regina Barecca
Süß ist die Rache
Von der Lust abzu-
rechnen
dtv premium 24131

Friedhelm Böpple
Ralf Knüfer
Generation XTC
dtv 36055

Nina Gold
Ein Girlie packt aus
Geheime Enthüllungen
eines Teenagers
dtv 20009

Margaret Leroy
**Ich schau dir in die
Augen, Kleiner**
oder warum der erste
Schritt – gar nicht – so
schwer ist
dtv premium 24150

Tara McCarthy
**Mein Prinz wird
kommen**
Noch Jungfrau, na und?
dtv 36081

Andrea Parr
Mythen in Tüten
Der Deal mit den Stars
dtv premium 24106

Jeanne Safer
Kinderlos glücklich
Wenn Frauen keine
Mütter sind
dtv 36051

Claudia Schreiner
**Wenn Frauen zu viel
arbeiten**
Alles erreicht und nicht
angekommen?
dtv 36116

Tsutomu Shimomura
John Markoff
Data Zone
Die Hackerjagd im Internet
dtv 20086

Sabine Werz
**Beste Freundin,
beste Feindin**
Ein Zickengesang auf die
Frauenfreundschaft
dtv premium 24118

dtv